# 题词人简介

倪征日奥　著名法学家。男，1906 年生。江苏吴江人。1928 年毕业于东吴大学法学院。1929 年美国斯坦福大学法学博士。1930—1931 年美国约翰. 霍普金斯大学研究所荣誉研究员。1947 年东京远东国际军事法庭检查处首席顾问。1948 年东吴大学法学院教授、法律系主任、教务长。1956 年后任外交部法律顾问，联合国国际法委员会委员，国际法院法官等职。

谈家桢 著名生物学家。男，1909 年生。1930 年毕业于东吴大学生物系。1932 年获燕京大学研究生院生物学硕士。1936 年获美国加州理工学院遗传学博士。中国科学院院士。美国国家科学院外籍院士。第三世界科学院外籍院士。意大利国家科学院院士等。曾任上海市政协副主席、上海市人大常委会副主任、民盟中央副主席、全国政协常委。

# 题词人简介

殷瑞钰　著名冶金专家。男，1935年7月生于江苏省苏州市。教授级高级工程师、博士生导师。1994年当选为中国工程院院士。曾任唐山钢铁公司总工程师、副经理，河北省冶金厅厅长，冶金部总工程师、副部长等职。现任钢铁研究总院院长，中国工程院化工、冶金和材料部主任，中国金属学会副理事长。

钱嘉东　著名外交家。男，1924年10月生，原籍江苏省苏州市。毕业于交通大学机械系。解放后长期在外交部工作。曾任周恩来总理秘书，我国裁军大使，常驻联合国日内瓦办事处及在瑞士其他国际机构代表（大使）。第八届全国政协委员并任政协外事委员会主任。离休后，任亚洲和太平洋经济合作全国委员会副会长，外交部前外交官联谊会副会长。

拯中原于涂炭　登亿兆于康庄

——李维格先生生平研究和史料选辑

倪征晪题

# 民族之光

汪家祯

# 拓荒铜铁

殷瑞钰

開民族工業先河
興近代教育新風

錢嘉東
一九九九年
十二月八日

叶觉迈　谭嗣同　王史　欧榘申　熊希龄　韩文举　唐才常　李维格

湖南时务学堂教习　光绪戊戌春夏间摄

（刊于张海鹏编著《简明中国近代史图集》长江出版社 1984 年版，第 91 页。）

李维格任南洋公学提调（副校长）时，与其侄李泽民（全校考分第一赴英保送生）合影留念于上海　（摄于1898年）

李维格生前捐赠东吴大学（现苏州大学）的学生宿舍（维格楼）（1998年摄于苏州）
苏州市人民政府已于1991年将其列入文物保护范围

漢陽鐵廠

大冶鐵山

萍鄉煤礦

汉阳铁厂、大冶铁山、萍乡煤矿三图均选自
1910年出版的《东方杂志》第七卷

李维格的理想与事业

# 拯中原于涂炭　登亿兆于康庄

王同起　瞿冕良　编著

东吴大学校友会
南开大学历史系中国近现代史研究室
天津师范大学中国文化研究中心

责任编辑/于红霞
装帧设计/五号工作室

**图书在版编目(CIP)数据**

李维格的理想与事业:拯中原于涂炭　登亿兆于康庄/王同起,瞿冕良编著.—北京:中国档案出版社,2000.10
ISBN 7—80166—014—5

Ⅰ.李…　Ⅱ.①王…　②瞿　…　Ⅲ.李维格—生平事迹　Ⅳ.K825.38

中国版本图书馆 CIP 数据核字(2000)第 75927 号

ZHENG ZHONG YUAN YU TU TAN DENG YI ZHAO YU KANG ZHUANG

出版/中国档案出版社(北京市西城区丰盛胡同 21 号)
发行/新华书店发行
印刷/北京京文印刷厂
规格/850×1168　1/32　印张/11　字数/190 千字
版次/2000 年 10 月第 1 版　2000 年 10 月第 1 次印刷
印数/1000 册
定价/28.00 元

# 目　录

# 序（一）

清朝末年，西学东渐，成为近代史一大思潮。所以出现这种局面，一是帝国主义侵华，随之带来了西方文化；一是有识之士认识到西方文化知识和科学，走出国门，学习西方，以寻求强国之道，使沉睡的灾难中国振兴起来。李维格先生就是这一时代的奋进者。那时，一批批爱国知识分子满怀报国的理想，踊跃投身拯救华夏民族的伟大斗争，或厉行维新变法，或推广实业救国，或开展武装斗争。无论哪一种方式，都是从救国的立场出发，顺应和推动了近代历史的发展，都是有益于社会和民众而弥足珍贵的。

李老先生幼年接触西学，立志效法欧美以求民族自强。以后，赴英美日留学、游历。归国后，毅然赞成变法，投身维新运动，曾参与主编当时颇有影响的《时务报》和《湘报》，与梁启超同赴湖南时务学堂分任西文和中文总教习，还在南学会发表了讲演等，尤其是为启迪民智、推动变法，大量翻译西方政治、经济和科技方面的文章，增进了国人对外部世界的了解。维新变法失败后，他又满怀激情踏上实业救国的道路，积极引进先进技术和设备，挽救了濒临破产的汉阳铁厂，以后又将其联合扩展为汉冶萍煤铁厂矿有限公司，成为当时全国规模最大的官督商办企业。即使在辛亥首义、民国甫定、战争不息的情况下，该公司在其主持下亦未完全停产，不能不说是个奇迹。他终生关注教育的发展，热爱教育，捐助教育，笃信教育救国，晚年将大量心血倾注于教育事业，多次为交通大学等捐款，临终前夕又将全部家产的三分之一捐献给东吴大学，再度表现了其"拯中原于涂炭，登亿兆于康庄"[①]的宏伟志愿和救世济民的高风亮节。他的一生孜孜以求的，就是把自己的才能贡献给中华民族。

自80年代以来，我国史学界借鉴西方"新社会史学"的方法，逐渐兴起一股研究历史的新潮流，即努力挖掘历史上曾被淹没或未被重视的人和事，以再现历史的真实社会生活。李老先生的救国之举虽不及康梁之深刻和孙黄之壮烈，却代表了当时爱国知识分子坎坷求索的救国潮流，是历史研究的重要内容，应当引起广大史学工作者的关注。可惜的是，经过"文革"十年动乱，迄今能够保存的资料已经很少。近年来，苏州大学、南开大学和天津师范大学一些学者付出了艰苦的劳动，从上海、北京和湖南等地多方搜集和整理了一些主要的资料，进行研究并汇集编纂成书，以此作为对李老先生的纪念，也殷切地盼望引起史学界的共鸣，使更多的人参与开发这一尚未被认识的广阔领域，进一步推动史学研究深入开展。我想，李老先生对此九泉有知，一定会深感欣慰。是为序。

南开大学教授、博士研究生导师

---

① 此言及书名录自1908年10月李维格先生在汉口商会关于汉冶萍厂矿招股的演说词。

魏宏运

魏宏运

已卯年春于南开园锲斋

# 序(二)

李维格一琴先生(1867—1929)是近代中国钢铁工业发展史上有相当影响的先驱者之一。毛泽东同志指出:"自从1840年鸦片战争失败那时起,先进的中国人,经过千辛万苦,向西方国家寻找真理。洪秀全、康有为、严复、孙中山,代表了在中国共产党出世以前向西方国家寻找真理的一派人物。"(《论人民民主专政》)李维格先生正是这个先进队伍中的一员。

据现有资料所载,先生祖籍江苏吴县,于1867年出生于上海市南市区。幼年因家境贫寒,无力进全日制学校求学,只得以半工半读方式来增进知识。当时,清政府内外交困,国弱民穷。李先生和许多爱国先进知识分子,抱着相同宗旨和善良愿望,认为要使国家富强,必须吸取国外的先进经验,在政治、经济、文化以及工业、农业等各方面进行一系列改革,必须办好教育,将科技知识开化民智放在首位,而唯有学好外语,才能把新兴的科学技术传统播到国内。

李先生身体力行,在艰苦的条件下,逐步经历了学通英、法、德数种外语,搞翻译,办外交,投身钢铁事业的奋斗历程。特别是他在兴办钢铁工业——从汉阳铁厂到汉冶萍公司的过程中,那种坚毅踏实的工作作风,全力以赴的奉献精神,以及卓守仪义的经营准则,不仅赢得了同时代的谭嗣同、黄遵宪、梁启超、郑观应、汪康年、邹代钧，以及统治阶级中历任要职的张之洞、盛宣怀、陈宝箴、陈璧乘的重视和赞赏，同时也赢得国际上一些人士的敬佩和信任。

梦白对李先生的事迹原来知之甚少，直至1930年春在东吴大学四年级时，从毕业年刊上读到杨永清校长所撰《李先生一琴行谊述略》后，才对李先生的高风亮节有所了解，钦佩之余，景慕不已。

李先生辞世后，哲嗣中庸、中道昆仲遵循遗愿，将沪上房产之收入，在东吴大学设立科学奖金；随后又将出售房所得，在东吴大学营建“维格堂”作为男生宿舍，而以宿费收入之一部分用以奖励科学研究。这座为纪念维格先生而兴建的四层大楼，历经60余年的风风雨雨，至今仍屹立于苏州大学校园之内，完好无损，于1991年由苏州市人民政府定为近代建筑的典型，列入文物保护范围。

中庸先生(1897－1963)先在上海同济大学习医，后赴德留学，于1924年获柏林大学医学博士学位，继又在汉堡和维也纳进一步深造。1926年回上海自设诊所，6年后复往德、奥医界工作。1935年又返沪行医，凡20年。1956年调入上海工人医院任理疗科主任。1958年退休之前曾兼作商务印书馆医药顾问达25年之久。1959年迁居香港，1963年病逝。中庸博士医德高尚、医术高明，服务社会、造福社会。

中道先生(1900－1986)早年在苏州东吴大学求学，1924年毕业于上海东吴法学院、复留学美国，获密歇根大学硕士和西北大学博士学位。中道博士为人善良学道、执行律务、正直无私，任教东吴法学院，认真负责，出任东吴大学校董期间，又为学校的发展悉心擘划，建树良多。

中庸、中道两位作古有年。中庸先生之女正德，今在美国从事美术工作。中道先生有二子一女。长子正名，苏州东吴大学附中毕业，后赴美攻读，1953 年大学毕业后，满怀爱国热忱，毅然回国。入南开大学，1956 年化学专业研究生毕业后留校任教。40 年来在教学和科研方面均作出卓越成绩，成为我国有机化学与农药化工界的知名专家。现任南开大学教授、博士生导师、元素有机化学研究所所长、化学学院副院长。1995 年 5 月当选为中国工程学院院士。女明真曾留学美国，复往英国深造，获爱丁堡大学医学博士学位，长期在香港大学医学院工作。次子正心 1958 年北京测绘学院毕业，1981 年赴法国巴黎天文台进修，1984 年获法国国家科学博士学位。现任中国科学院上海天文台研究员、天体测量与天体力学专业博士生导师。正名之子在国外攻读化学博士学位。明真有一子二女，长女已是医学博士。正心有子女各一，均在国外求学。

李氏三代对祖国的进步和科技的繁荣，继续地作出了凤毛济美的贡献。这一良好的传统必将继续发扬光大。

梦白与中道学长相识多年，与正名、正心昆仲亦有往还。1993 年秋，正名教授来函，表示希望能搜集整理维格先生的有关资料，以弘扬其致力于祖国工业化的爱国精神。他们不忘祖德，希望为子孙后代留下一份中国近代史上具有爱国主义传统的资料，其志可嘉。

我仔细考虑之后，认为这项工作如能商请苏州大学现已退休的图书馆副研究员瞿冕良（冠群）君来承担，最为合适。他原是东吴附中的校友，先后在东吴大学、江苏师范学院和苏州大学图书馆工作40余年，对馆藏图书资料十分熟悉，对搜集、整理工作经验丰富。经联系商谈之后，瞿君忻然受命。他采取从人找人，从人找事，又从事找人的方法，查阅并参考了大量资料，花了近两年的时间，完成了约50万余字的《李维格先生研究参考资料》，按性质分为四大部分：(1)传记类；(2)著译类；(3)致李维格的信件、电报类；(4)有关李维格的零星记载类。为了方便读者，瞿君还增加了许多注释，并写了辑录小记。瞿君年逾古稀，在短期内埋首卷帙，完成如此浩繁的工作，实属难能可贵。此亦足以证明李氏精神感人之深。

李维格先生谢世已经60多年，他为之奋斗一生的愿望，今天终于实现。祖国大地，海晏河清，经济腾飞，社会主义工业化蒸蒸日上。在新形势下，重温近代史上维新派人士的奋斗历程，研究李维格先生这一具体人物的历史资料，对于弘扬和提高我们的爱国主义精神，对于继承和发展我们伟大民族数千年道德文明的优良传统，无疑具有积极的现实意义。

东吴大学校友会会长、历史系教授

張梦白

张梦白

1995年10月于苏州大学

# 李维格先生生平事略

19 世纪末至 20 世纪初，中国进一步滑入半殖民地半封建社会的深渊。在帝国主义和封建势力双重压迫下，神州涂炭，民怨沸腾。一大批具有激进的资产阶级民主思想的爱国知识分子踊跃投身于拯救华夏民族的斗争，或厉行变法改良，或倡导教育实业救国，或准备发动武装斗争。李维格先生就是其中的一员。

李维格，字一琴(亦作峄琴)，祖籍江苏吴县，1867 年生于上海南市区。上海自《南京条约》开埠，至 60 年代末已经 20 余年。全市人口 200 余万，在远东各大城市已罕有其俦。居民成分复杂，中西文化交融，商业贸易超过广州，成为清王朝最重要的国际通商口岸。尤其是 70 年代，英、法、美等西方列强竞相拓展租界，在租界内广设商店及文化娱乐设施，并使之成为“安全的绿岛”，呈现出初步的繁荣。先生幼年时，因家境清贫，无力入全日制学校，只能随父半工半读。后受洋务运动思潮影响，立志效法西学以救国，遂转入英租界格致书院学习。该校为 70 年代中西官商集资创办的西学堂，仿中国书院方式教学。课程尤重推广英语学习，旨在使国人“便于考究西国格致之学，工艺之法，制造之理”，首开化学实验之先河，也有宗教性内容。李先生在校学习期间，耳濡目染西方文化，更产生赴欧洲留学之志愿。后在亲友的资助下赴英国求学，终因学费昂贵而所携无几，未能完成学业。于是便留居于满清驻英参赞李经方行邸，兼习法文。不久，随许景澄回国。先生谙熟英文，通晓洋务，兼有出国经历，回国后受到清廷一些洋务派赏识，80 年代末 90 年代初登入仕途，职候选郎中，先后随崔惠人使美，随李经方、汪芝房使日。在此期间，先生足迹所经之处，皆广寻其国政教术业，进一步了解了西方社会及东邻日本的发展，愈加激发起报效国家、拯救民族的志愿。至 90 年代，神州涌动变法热潮，他便毅然投入到这场伟大的革命斗争之中。

## 一

19 世纪 90 年代，清王朝陷入内忧外患的境地不能自拔，中华民族的危机更加严重。在国外，1885 年中法战争法国“不胜而胜”，中国“不败而败”，刺激了帝国主义列强侵略中国的欲望，甚至刚刚崛起的日本也加紧了侵华的准备。在国内，清王朝增收厘金，摊捐派税，肆意搜刮，激起各阶层普遍不满。尤其是在洋务运动中诞生的民族资产阶级上层代表和一批激进的具有资产阶级民主思想的知识分子，目睹残破的神州，决心效法东邻日本，锐意改革，先后出现王韬、马建忠、郑观应等改良主义思想家，著书立说，褒扬改良。继而产生了以康有为、梁启超和谭嗣同为代表的资产阶级改良派，在中国掀起改良变法运动。1895 年 2 月，甲午战争中国落败，《马关条约》签订的消息传到北京，康有为等发动公车上书，使这一运动掀起了高潮。

维新运动初起时，先生使日返国正在上海。综观多年异域之所见，愈觉中国学习西方科学技术及实行变法迫在眉睫，遂与梁启超、汪康年等论著变法，并在社会上产生了一定影响。1896 年春，先生任汉阳铁厂总翻译，除主持翻译日常文件外，还积极为《民听报》撰稿，宣传变法，并参加了反对封建伦理纲常的不缠足会等活动。他认为，当今西风日盛，国风日颓，中国惟有向西方学习才能重新振作起来。学习西方要广收博采，包括西方的管理、文化、技术，最终为我所用。故此，特翻译了《巴兰德论兵节略》一书，寄至盛宣怀处，受到盛的赞赏。由于先生任职勤恳、通晓洋务又具改良思想，名声日显。9 月，汪康年亟邀其赴沪专职译书。先生亦欲乐就，惟汉阳铁厂挽留甚殷，至翌年 5 月始至《时务报》馆任职。其间，先生在汉口多方倡导变法，曾披阅了《时务报》馆送来的大量译件，并负责汉口为数甚巨的《时务报》分派和收款等工作。为办好《时务报》，他多方延揽人才，先后为《时务报》馆举荐张伟之、张石如、伍光建等专事翻译，还对《时务报》的刊行提出了中肯的建议。《时务报》是戊戌变法时期宣传改良思潮的重要报纸，由梁启超等于 1896 年 8 月创办，汪康年任经理、梁启超主笔。先生提议该报增加议论篇幅，并借鉴欧美报纸的作法广泛介绍自然科学知识。为扩充《时务报》的商务，先生欲借国外商务律例为依据，遂着手翻译《日本商律》一书，迄翌年底完成。

1897 年 5 月，李维格先生由武汉赴上海，任职《时务报》，主持翻译工作，从此开始了宣传维新变法的职业生涯。他敬业诚恳，任劳任怨，积极承担《时务报》的筹稿、印刷、分派、收款等诸多方面事宜，给汪康年很大帮助。在此期间，他竭力倡导西学和变法，亲笔从《伦敦中国报》、《朝鲜西字月报》、《伦敦记事报》等各种英文报纸中摘编和翻译了大量文章，并认真勘定了由孙超等从《美国格致报》、《伦敦东方报》、《上海字林西报》、《京津西报》等10多种英文报纸中翻译的160余篇文章，内容包括"中俄铁路"、"借款传闻"、"暹王游历"等大量揭露列强欺凌弱国、清廷外交被欺的译文，对弘扬资产阶级启蒙思想发挥了重要作用。这时，汉阳铁厂多次来电催请，盛宣怀还报呈清廷赏加先生四品卿衔，以示恩典促其返汉。先生对此多次婉拒，表现出执著变法、推行改良的强烈意愿。

在维新变法的巨大浪潮中，湖南是最为活跃的一个省份。一方面，这里有一批维新志士矢志变法，如谭嗣同、唐才常、樊锥、皮锡瑞等；另方面，湖南很多官员倾向维新，如巡抚陈宝箴、学政江标、按察使黄遵宪等，甚至湖广总督张之洞初时也以倡导西学支持变法自诩。1897年初，大批维新志士云集湖南，不久便创办了《湘学报》，疾呼变法，成为和上海《时务报》、澳门《知新报》鼎足而立的报纸，将湖南维新运动推向高潮。为了培养有用人才以推行新政，他们在巡抚陈宝箴的支持下决定创办时务学堂。谭嗣同与湖南维新人士多次纵论聘请资深教师。黄遵宪举荐梁启超和李维格分任时务学堂的中文和西文总教习。但这两个人都是上海《时务报》的主笔，汪康年不愿放行。谭嗣同多次致函汪康年，苦口婆心，陈述利害，终使汪康年忍痛割爱，答应梁、李赴湘。先生获悉，也很兴奋，遂于年底与梁启超相继抵达长沙。

先生赴湘后，任时务学堂西文总教习，对该校办学，尤其是倡行西学作了大量工作。当时，时务学堂的提调是熊希龄，中文总教习是梁启超，谭嗣同、唐才常、杨自超、韩文举、欧榘甲、叶觉迈任分教习。他们革新教学，积极开设几何、代数、三角、天文、物理、军事、光学等近代西学课程，不仅有深度，也注意实际应用。在教学中，还注意大力向学生灌输民权思想，倡导变法维新，使时务学堂成为湖南维新运动的重要阵地。学堂开办之后，共招考三次，接收学生 200 余名。其中，李炳寰、林圭、蔡锷、唐才质、杨昌济等都是著名的高才生。很多人在变法及后来的革命事业中作出了突出的贡献。

建立学会，也是维新派推行变法的一大创举。先生到湖南后，积极参加了创设南学会的活动。南学会为谭嗣同首倡，得到陈宝箴的支持，于 1898 年 2 月成立于长沙孝廉堂，各府、厅、州、县设立分会。其宗旨是："联全省为一气，合万众为一心"，"开风气，开知识"，宣传变法图强。该会组织严密，设学长、主办和具体工作人员，入会应由三名会员作保，经公议超过半数尚可入会。南学会每周讲演一次，议论时政及答疑解难。每次活动，与会者都情绪高昂，效果甚佳。这样的讲演共举办了 14 次，其中第五次即由先生主讲《论译书宜除四弊》，针对某些人忽视西学的现象，强调西学致用、振兴国家的重要性，指出翻译界所存在的"四病"：即"难钩深探，曲畅旁通"、"粗浅不精"、"混杂淆乱”、“无董理考订、无宗旨遵循”，还提出了纠正的方法，如设译书局于上海，以局中译成之书，统一译书音义等。讲演洋溢着先生倡西学兴中华的爱国热情，受到会员欢迎。

先生在湖南，除教习和讲演等活动外，还积极参与了创设维新派报纸《湘报》的工作。《湘报》完全是为了顺应湖南维新高潮所需而设立，由谭嗣同、唐才常等集资于 1898 年 3 月创办，陈宝箴加以津贴。每日一刊，与一年前出刊的《湘学报》旬刊相辅而行。其内容有论说、奏疏、电旨、公牍、本省新政、各国时事、杂事、商务等，与《湘学报》相比，变法的言辞愈加激烈，已具有相当多的民权思想，直接倡言君民共主，成为南学会之喉舌，该报至 10 月停刊，共出版 177 号，在社会上引起强烈的反响。《湘报》编辑共 7 人，中文编辑戴德诚、梁启超、樊锥、何来保、谭嗣同、唐才常，西文编辑由先生一人独立承担。先生对西文的短篇译作大都成于这一时期，几乎每一期《湘报》都有先生的亲译或勘定的翻译文章刊载，内容涉及各领域，包括国际时事，外人对华评论，外电互评，西人社会、政治、生活、文化、科技等。尤其是中国长期封闭，对外界懵然无知，科技更不如人。先生的译文增添了新兴科学技术的内容，如介绍光学、电学、化学、重学、物理学等，由此引伸出中国应该向西方学什么，怎样振兴商务、如何修铁路、办学堂等，拓展了中华民众的视野，推动了维新变法的开展。

# 二

19世纪下半叶，清王朝政治腐败，经济衰颓，屡屡挨打。一批开明官僚和有识之士筹办洋务，展开了近百年中国现代化之梦。至90年代，甲午战争中国落败，洋务运动宣告结束。然而，这场运动影响了涉身其间大量的知识分子。戊戌变法失败后，中国更多的知识分子跻身现代工业，掀起实业救国的高潮。

先生献身实业的思想，发端于幼年时期。早在格致书院读书时，就比较关注化学、物理学等与西方近代工业相关的学科。以后，他留学英伦，出访美、日，每至一处辄广泛搜集该国工业科学发展的信息，以备将来之需。回国后任事汉阳铁厂，也想干一番事业。以后，他参与维新变法，经常译载国外自然科学、工业科技方面的知识，一是推进改良，二是有助中国实业发展。诸如剖脑医疗法、爱克斯射线、火柴的发明以及南北极的探测等，就是先生率先向国内介绍的。1897年7月，他在《时务报》发表《瑞人挪勃而散财以兴格致》，第一个向中国国内介绍了诺贝尔和诺贝尔奖的设立，以激发国人尊重科学、追求科学的意愿。戊戌变法期间，先生曾对激进维新派的有些言论表示忧虑。变法失败后，遂毅然投入到实业发展之中。

先生于中国工业发展的贡献，主要以汉阳铁厂为基础。汉阳铁厂创办于1890年，初为官办。开设之目的，是为解决发展洋务如军械、轮船之需，该厂下设10个分厂，有百吨化铁炉两座，8吨具色麻炼钢炉两座，10吨马丁炼钢炉一座，大部设备由德国引进。更兼聘雇洋匠，在国内广招贤才，耗官银达500余万两，却因不善经营和管理混乱，始终存在产品质量低劣，成本高、销售难的状况。1896年，铁厂吸收商股，改为官督商办，仍未扭转困难的局面，至1900年竟几乎到了难以为继的地步。

1899年，先生接受盛宣怀的邀请，返回汉阳铁厂，专事厂内洋务。他任重事烦，不辞辛劳，四处斡旋，积极为改善生产献计献策。针对铁厂燃料匮乏，仰仗外运，造成炼铁成本飙升等问题，运用所掌握的冶炼工艺和机械制造技术，建议盛宣怀"以铁就煤"、"烘炉加装汽锅""生铁炉径送热水""自炼锰精"等，颇得盛氏赞许。汉阳铁厂原有设备，系官办时代所遗留，于实际生产不合。因大冶铁砂中含磷甚多，炼成生铁后亦复如此。由生铁炼成钢，以具色麻炉炼出的铁轨含磷过量，容易脆裂，并不适用。为解决这一难题，先生于1900年和1904年两度自告奋勇，偕洋匠彭脱和赖伦出国考察，并将铁厂所用原料及造出的产品带往英国化验，始知大冶之铁矿砂不适酸法冶炼，遂建议购置新机器，改用大号马丁炉冶炼，解决了铁厂自创立以来耗资千余万所未能化解的难题。

以后，铁厂产品质量稳定，产量日增，不仅供应国内，还行销日本及欧美等国。盛宣怀多次称先生"心精力果，体用兼核"，"言语淡于荣利而矢志办事"，提议将铁厂委托先生管理。1903年4月，先生被聘为铁厂副总办，1905年任总办，全权负责汉阳铁厂事宜。

先生接管汉阳铁厂后，对其发展殚思极虑。他本着

“用人唯贤”的原则，以高薪聘请前生铁炉工师吕柏为总工程师。吕柏系洋人，天资敏捷，笃学深思，知识渊博，且可驾驭华洋师匠，与其通力合作。这样，既引进了西方先进的技术和先进的管理方法，促进了铁厂的发展，也在实践中通过洋匠教习培养了一批中国的工程技术人员，解决了企业缺乏技术的难题。

面对铁厂资金极度缺乏的困难，先生采取了借用外资和招商扩股两种办法。世人对此有所歧义，先生则矢志不渝，事实上这两种决策对汉阳铁厂乃至以后的汉冶萍公司的发展都产生了积极的作用。

先生为筹借外款，曾与比利时、英国、美国等银行多次洽商，惟日本驻上海总领事永泷有兴趣，表示可与兴业银行接洽。自1905年10月至1906年2月，先生与日本三井会社等谈判借款，力主借款与扩大产品销路相联系，在此期间并与德商签订借款20万两合同，终于2月13日与日方签订100万日币借款协议，条件是铁厂允准三井会社在日本等处代销其产品三年。后因铁厂购机所需款甚巨，先生于1907年底又与日本横滨正金银行汉口分行签署借款30万元合同，条件是照1903年大冶矿局与兴业银行运售日本矿石定数自1907年底每年增加2万吨，以五年为止。大冶铁矿自1891年开采以来，产矿殊微，年仅4万吨有余。至借款合同签订后，产额增加甚速，以至辛亥之时铁厂暂时停顿，而大冶矿厂仍工作不息，输出之矿量，屡屡增加。

至于吸引内资，先生征得盛宣怀同意，断然实行扩股融资的办法，办法是将汉阳铁厂、大冶铁矿、萍乡煤矿连为一体，注册设立汉冶萍煤铁厂矿有限公司，实行商办，招商扩股。先生接手汉阳铁厂之际，正当铁厂负债累累、生产困顿之时。为求铁厂发展，先生曾作《新公司接办汉阳铁厂之预算》和《湖北汉阳铁厂、江西萍乡煤矿之缘起》两篇呈文，并充任萍矿办事董事，对汉铁萍煤的生产颇为关心。在先生支持下，1906 年萍乡又开一矿，并在汉阳铁厂营建每日出铁 250 吨之大化铁炉。11 月，先生力主汉阳铁厂、大冶铁矿、萍乡煤矿合并，任创办代表。其间，为拓展汉阳铁厂产品销路，先后与广九铁路、津浦铁路、武岳铁路公司等签订铸轨协定，使其生产的钢轨不仅供国内各路所需，还运销国外，定单之多，有应接不暇之势。

1908 年 3 月，汉冶萍煤铁厂矿有限公司成立。先生属老股创办总董，又有功于汉阳铁厂，被委为公司协理。8 月，先生在汉口发表汉冶萍公司开辟市场计划的演说，力主扩大资本，改进生产以加强市场竞争。10 月，他在汉口商会作关于汉冶萍厂矿公司招股的演说，回顾汉冶萍创业之艰辛，痛陈外人虎视鹰瞵之危，强调汉冶萍三大业，“即中国挽回利权、抵制洋货之根本”，拳拳爱国之心溢于言表。在先生的动员下，公司新扩商股 250 余万两，迄辛亥之前，新旧商股已达一千数百万两之多。

先生自经营汉阳铁厂至任汉冶萍总公司协理，胸怀救国之志，献身实业，不辞劳苦，其政绩跃然显露，举世昭然。先生任铁厂总办以前，铁厂经营近 15 年，开工时间少，订货也有限，迄 1905 年年产生铁仅 32314 吨。及先生经营,1906 年即达 50622 吨,以后累年递增,至辛亥前已达年产 119396 吨。[①] 大冶铁矿和萍乡煤矿与汉阳铁厂合并后,产量也明显增加,1908 年至 1910 年年产量分别由 171934 吨达到 343076 吨、由 392000 吨达到 610447 吨。只是囿于铁厂和公司以前所欠债务积重难返,虽经先生努力返款颇有起色,惟因常年赔付利息一项即六七十万之钜,故资金运筹仍觉困难。由于先生笃信诚勉、才智兼具,深孚众望,于 1912 年初被委为汉冶萍公司总理代理,不久经公司股东常委会议决专职经理,主持三厂矿日常一切政务。先生任职总公司经理以后,十分焦虑公司的发展。当时,民国甫建,内乱未息,三厂人心浮动,资金匮缺,生产艰难。他为整理厂务和生产,多方告贷,筹措款项,奔波于日、英、德公司之间,并吁请减轻湖北政府对公司之种种压迫,终于劳累成疾,重至吐血,被迫卧床医治,辞去总公司经理之职,由赵剑秋继任。以后,先生不忝名利,仍以总公司高等顾问身份为实业发展奔波劳累,直至再次病倒。

## 三

我国为世界四大文明古国之一,一向重视文化教育。西周以前,学在官府,“古之教育,家有塾,党有庠,术有序,国有学”。[②] 春秋时,孔子力倡私人讲学之风,以后私学

① 《中国铁矿之志》下册,第 399 页。
② 《礼记 · 学记》。

大盛。惟整个封建时代，能够接受教育者多为贵胄子弟，且授课内容陈腐，不尚实用。近代以来，西学东渐。中学与西学相比，暴露出应用方面明显的差异。加之清廷屡屡战败，社稷涂炭，愈益加剧了改革教育以探求救亡道路的重要性。因此，19 世纪 80 年代以后，具有改良思想的知识分子纷纷著书立说，呼吁推行西学，广育人才。戊戌变法中更掀起改革旧式书院和兴办西式学堂的热潮，从而形成一股教育救国的洪流，至 20 世纪仍对中国发生着重大的影响。先生自幼羡慕西学，崇尚教育。旅欧赴美期间，曾详细考察了西方的教育情况，深感国内教育内容之陈旧。他回国后初至汉阳铁厂任事，曾多次筹设学馆，以启迪民智传播知识。1896 年 8 月，他致函汪康年提到设立学馆乃其夙志，在上海曾多次筹集未能成功。其所倡学馆所学为英法语言及西方物理、化学等科技知识，而“迥然与旧学相异”。以后，他在《时务报》主持西文翻译，也注意学习西方的教育思想，强调国家应该提倡和重视教育，由国家编辑各种初学课本，普及浅近有用之学，如西方政治、经济、科技知识，并在此基础上进而开设专门学堂，造就和储备有用之材。为效法日本的教育改革，他勘定翻译了《泰晤士报》对日本创设商务学堂的文章，将其所学四年课程及教学实践方法悉行登载，以利国人效法，真正除去“所学非所用，所用非所学之患”，使“在官之人，皆为有用之材也”。不过，先生于此志向虽远，以后因参与变法和发展实业所累，独立创建学馆的设想终未实现。

先生未能自设学馆授徒讲学，仍将对教育的挚爱倾注于其一生事业之中。1897 年 3 月他积极筹划在汉阳铁厂设立学堂，招收和培养 14 至 20 岁的青年学子，以造就一批钢铁业专门科技人才。他亲笔拟订了《设立汉阳铁厂学堂章程》，对学堂的规模、功课、规章制度、开办经费等做了明确的规定。根据这一章程，学堂共设化学、炼铁、炼钢、机器四所，由学监总理一切事务，副学监帮同办理。各所教习均由厂内工程师担任。学堂设图书楼和实验室，本着学用结合的宗旨进行授课和实习。学生学习必须严守堂规，晨起、晚睡、入学、下课、就餐皆以铃响为号，对学业突出者施以奖励。该学堂设立后，第一期就培养学生 30 名，缓解了铁厂用人之需。五年之后，汉阳铁厂又设学堂一所。这时先生已任铁厂总办，该章程也疑先生所拟，至少应得到先生的允准与支持。可见先生是时刻不忘通过教育培养人才的，而且其教育的思想和内容，也与旧学堂相去甚远。

1898 年初，先生在湖南时务学堂任西文总教习，在推进变法的同时也为培养后学做了大量工作。该学堂招收 20 岁以上青年，也加收外课附课学生。先生认真执教之余，经常勉励学生阅读介绍西方政治和自然科学知识的书籍，以拓展视野，并针对学生读书译书之流弊进行耐心疏导，使之心悦诚服。在此期间，先生事无巨细均认真署理，从开列课程到登录内课生分数表一丝不苟，深得师生赞誉。鉴于资料匮缺，我们对先生在时务学堂的执教情况知之尚少。但从时务学堂在全国的影响以及培养的诸如林圭、田邦、蔡钟浩、秦力山、李炳寰、蔡钟沅等杰出学子看,其推行西学和培养国家栋梁之材的作用也是相当深远的。

1898 年夏,时务学堂遭到湖南封建势力的环伺反击,摒弃康门诸子,课艺改弦易辙。先生不甘与旧势力为伍,返归上海任职南洋公学提调兼教师范院英文。南洋公学师范院初址上海徐家汇一所民房,学生多为 20 岁至 45 岁的青年,有的还是举人、廪生和贡生。开学之初,无一定课表,翌年按学科分班授课,中学之外设西文、西学。西文部分有英、日、法三种,学生挑选一门,边学边作翻译。教习多聘外籍,华人教习仅为先生与伍光建二人。当时,师范院为南洋公学最高学历层次,学生可聘为外院学监和教师。师范生兼职教员者薪金达银 40 两,由此可见其在校独得之优礼。而先生教习师范生,更显示出在南洋公学中的显著地位与水平。1899 年,先生辞南洋公学提调之职,专事汉阳铁厂发展。以后因实业开拓步履艰难无暇再登讲台授课,然先生心系教育仍一如既往。他一生清贫淡泊名利,寡嗜欲、重德操,治事数十年并无积蓄。每有余资便捐助教育或接济厂矿困难职工。他曾多次向南洋公学捐款,1919 年为交通大学上海专门学校捐建图书馆。先生晚年,积劳成疾,谢归养疴于上海,全部家产惟居室数所,靠岁取赁值以自给,临终之前竟毅然将全部家产一析为三,将其一尽捐东吴大学,以资学子之贫乏者,其重教轻财、嘉惠髦士之举实为世人景仰。至今先生捐资所建维格堂屹立在苏州大学校园内,沐浴了 60 余年风雨更加雄伟壮观。

先生一生不争名利，勤奋好学、勇于任事、品格高尚，颇受当时中外人士赞誉。即使在互相倾轧、矛盾冲突激烈的统治阶层中，也多存溢美之言，如“办事可靠”、“淡于荣利”，“性情平和、颇有见地”，“操履笃实、志趣纯粹”，“胸怀见识，均异常人”等。据湖南巡抚陈宝箴之子陈三立所言，先生之德甚至感动了某些西人，愿贷以十万金而无为质。及至先生退隐，偌大汉冶萍公司遂一蹶不振。

先生热衷学术，尤擅长译书，一生著术颇多，惟因连年战乱和各种人祸已现存无几。据我们初步查找，除报刊发表的大量译文外，先生还翻译著述了《政群源流考》《日本商律》《巴兰德论兵节略》等书籍。现仅有《海外纪事后编》一书藏于天津师范大学图书馆。

1929 年，先生病逝于上海，享年 63 岁。

（王同起）

# 李维格先生大事年表

李维格先生，字一琴（亦作峄琴），1867 年生于上海南市小东门，祖籍江苏省吴县。

**70 年代**

家境贫寒，无力进全日制学校，从父半工半读。后尤钟西学，肄业于西学堂。

**80 年代**

胸怀撷采异国长技之志，在亲友的资助下赴英国伦敦求学，并广泛考察英国社会政治、经济和文化状况。因学费匮缺，未能完成学业，遂留于驻英参赞李经方行邸，兼习法兰西文。后随许景澄回国。

**80 年代末至 90 年代**

随崔惠因（惠人）使美。随李经方使日。

**1895 年**

国内改良思潮勃兴，与梁启超、汪康年等论著变法。

**1896 年**

4 月 任汉阳铁厂总翻译。通过吴樵与汪康年等联系，参与《民听报》和不缠足会等活动。

7 月 在汉阳铁厂做事精细，尚和平，颇受褒扬，惟事体繁杂，应接不暇，感到精力不足。

9 月 译《巴兰德论兵节略》一书，寄至天津盛宣怀处。

10 月 编译《时务报》文章。

屡接汪康年邀请函。拟赴沪专职译书。因仲冬安葬先人，且汉阳铁厂挽留甚殷，未能即行。

函请盛宣怀设译书局。

11 月 致函汪康年，对《时务报》的发行，给予较高的评价，也提出许多中肯的建议，并为《时务报》馆物色人手。

向郑观应推荐直隶候补道彭先裕。

**1897 年**

1 月 致函郑观应，力辞总翻译职，欲赴《时务报》馆或苏州西学书院。

2 月 向汪康年推荐天津水师学堂教习伍光建以及万航渡学堂的学生。

为《时务报》批阅文件，并对梁启超与《时务报》的关系做了客观的评价。

3 月 拟设《汉阳铁厂学堂章程》，对学堂规模、功课、规章制度、开办经费等做了规定。

4 月 致函汪康年，对其以《时务报》东家自居的行为提出婉转的批评。

5 月 告假返沪，任《时务报》西文编辑。

7 月 盛宣怀代请朝廷赏加四品卿衔。

8 月 谢绝盛宣怀回汉之请，全力于《时务报》，翻译和勘定了《中俄铁路》、《借款传闻》、《暹王游历》等大量译文。

9 月 为张元济访购西文书籍。

10 月 赴汉口、天津，见郑观应、盛宣怀。

因参与维新影响日盛，湖南官绅纷纷致函汪康年，极力邀请先生与梁启超赴湖南，分任时务学堂西文和中文总教习。

11月 与梁启超偕行赴湘。途经武汉，谒见张之洞。

12月 抵长沙。任时务学堂西文总教习。译《日本商律》。

**1898年**

1月 创办《湘学报》，为八主持之一，任西文翻译。

2月 与江标、梁启超、熊希龄、易实甫、陈伯严、蒋少穆、陈立唐、皮锡瑞等同游岳麓山。

4月 统揽学堂西文事务。开列内科生3月份功课分数表。

5月 成为南学会高级会员——演讲会友。在南学会演讲“论译书宜除四弊”。在《湘报》发表大量译文，介绍美西争端和英、法、美、日等国对华政策。

8月 受聘南洋公学提调，兼教师范院英文。

9月 兼掌虹口译书院翻译事，有译本刊行。

**1899年**

任南洋公学提调兼教书、译书。

坚辞南洋公学提调职，拟赴汉阳铁厂。

**1900年**

2月 赴北京、天津、会见天津北洋学堂陈锦涛。

3月 赴汉阳铁厂，掌管汉阳铁厂学堂及与西人商务。

4月 因任重事烦，汉阳铁厂月送双倍俸银至200两。

6月 与郑观应、盛春颐等印结，将汉阳铁厂改为商办。议定：每炼出生铁1吨，提银1两，即以陆续收缴官局用本。

7 月 将所辖汉阳铁厂所购矿山地亩、隶属县名、村名，详细开列清折，删除官局名目，连同契据封送寄沪。

9 月 参与规划和管理汉阳铁厂、萍乡煤矿各项事务。

**1901 年**

2 月 携报册、银行押款 36 万元抵汉阳铁厂。

3 月 与张赞宸、盛宣怀面商萍乡煤矿规划。

5 月 为解决汉阳铁厂炼铁难题，自告奋勇出洋考察铁政。

7 月 抵沪。

8 月 赴萍乡煤矿。

9 月 出洋考察。

12 月 返沪。

**1902 年**

1 月 面晤盛宣怀，详陈炼铁新法。

返江苏吴县省亲。

3 月 赴汉阳铁厂。化解炼铁炉塞问题。

4 月 与洋匠赖伦协商解决炼焦技术困难。

7 月 兼任股票商董。

9 月 由沪赴汉。就汉阳铁厂减轻成本、广筹销路、用款等提出独到的见解和切实可行的办法。

11 月 赴日本短期访问。

12 月 为开拓资本再度出洋。

**1903 年**

3 月 为筹借外资滞留上海，厂事暂由盛春颐主持。

与芦汉铁路局签订 2 万吨钢轨合同。

4 月 由沪抵京。

6 月 面禀盛宣怀为筹措汉阳铁厂增添预备炉 1 座、高泊炉两座、锅炉两座、吊矿车 1 座

8 月 以大冶矿局总办的身份与日方商议向兴业银行借款事宜。未几,患流行感冒,卧床近 1 个月。

11 月 出席大冶借款草合同签字仪式。

12 月 为汉阳铁厂筹措煤款。

受盛宣怀委派,造访日本驻沪总领事小田切。

**1904 年**

1 月 赴汉会商年底结算报部事宜。

2 月 致函解茂承检验大冶所辖各山矿样,以参考定购新炉。

4 月 建议在萍乡附近设新厂,以就煤铁。

携洋匠彭脱和赖伦出国考察铁政,共计 8 个月,途经日本、美国,再至欧洲,曾赴英京、德京等地。在伦敦经名家化验大冶铁矿砂,证明质量优良,惟含磷过多。建议摒弃酸性贝色麻炼钢法,改为碱性马丁炼钢法,并在欧洲定购机器及聘工师。

10月 结束国外考察,返回上海。

**1905 年**

1 月 上《出洋采办机器禀》,建议改良扩充铁厂机器设备,并拟定以后营业方针。

受命专职管理新厂。

2 月 赴大冶创办新厂。

3 月 返汉,任汉阳铁厂总办,负责管理汉厂新、旧款

及专雇总工师。

4月 上《新公司接办汉阳铁厂之预算》和《湖北汉阳铁厂、江西萍乡煤矿之缘起》两篇呈文。

5月 任汉阳铁政局总办。到任后,除修理熔铁炉外,还努力引进新设备及扩展业务,如计划制造钢板,以供应国外及上海造船业之需要。

8月 任萍乡煤矿办事董事,建议招商100万股。

9月 与宗德福商修由石堡至铁山大小桥梁。

10月 赴沪,拒绝日驻上海总领事永泷单方与兴业银行商洽借款的建议。

11月 与日本三井会社会谈。

12月 赴沪商议大仓借款合同。

**1903至1905年间**

商部和周馥等单位和个人三次请调或借用先生,均遭盛宣怀拒绝。

**1906年**

1月 派洋匠吕柏赴日本开拓销路,惟价格过低,未能签订合同,拟为汉厂添购火车头一部。

2月 在上海与三井会社签订《汉阳铁厂与三井物产会社借款合同》和《三井物产会社代销汉阳铁厂货料合同》。

主张大冶土矿应照旧议,汉厂、萍矿合办。

6月 议将焦炭运沪销售。

8月 派员接办萍乡煤矿。

10月 赴闽勘厂,事毕返沪。

向农工商部呈报资产负债表。

11 月 在英定购高泊炉 1 座。

汉阳铁厂生产剧增，每日用矿石 300 吨，故另租外轮 1 艘赶运矿石，以备缓急。

年内袁世凯欲调先生到北京任职，遭婉拒。

**1907 年**

1 月 主稿博德合同。

4 月 接见英国兵轮管带。

7 月 盛宣怀再次奏请朝廷赏加先生四品衔，以励人才。

8 月 为汉阳铁厂制定预算方案。

9 月 建议筹招商股，拓展钢铁销路。

为汉阳铁厂定购日产铁 250 吨之大化铁炉。

10 月 会见著名清史专家赵尔巽。

11 月 任汉冶萍煤铁有限股份公司老股创办代表。

12 月 在汉口与日本横滨正金银行签订借款合同。

同年，在汉口湛家矶主持创建扬子机器制造厂。

**1908 年**

1 月 将部分薪俸存汉阳铁厂储蓄处生息，并布告全厂以救助病丧及家属无人赡养者。

2 月 由大冶返武汉。

3 月 与广九铁路总办、总工程司签订《广九铁路与汉阳铁厂订定铸轨章程》和《广九铁路与汉阳铁厂订造钢轨等件合同》。

汉冶萍煤铁厂矿有限公司正式成立，任公司协理。

5月 为即将开工的武岳铁路筹划所需钢轨。

8月 在汉口发表关于汉冶萍公司开辟市场计划的演说。

10月 在汉口商会作关于汉冶萍厂矿公司招股的演说。

12月 筹划抢修白鳝庙以下险工。

**1909年**

1月 制定萍乡煤矿年度预算。

2月 筹划生产钢轨的能力，以备津浦、粤汉、川汉筑路之需。

4月 建议将津浦路局万吨钢轨款存息于路局，存银于汉，使汉厂获利颇丰。

5月 在汉冶萍煤铁厂矿有限公司第一期股东大会上作报告。

7月 主持印制汉冶萍公司图说及各演说单片。

12月 指导汉阳铁厂安装化铁大炉2座。

**1910年**

1月 汉阳铁厂铺设至码头路段钢轨。

指导筹划开发锰矿，后创立湖南裕牲锰矿公司。

3月 与盛宣怀同美国西雅图西方钢铁公司及旧金山大来公司谈判，签订销售汉阳铁厂生铁合同。

7月 会见日本驻大冶技师兼日本制铁厂代表西泽公雄。

11月 与日本制铁所签订销售汉阳铁厂生铁草合同。

同年，作《汉冶萍煤铁厂矿记略》，比较全面地介绍了厂矿的历史及矿产预算。

**1911 年**

1 月 为筹措汉冶萍公司发展经费，奔走于京、沪、汉，翰旋于美、日、英间。

4 月 与西泽公雄谈判。

5 月 以公司协理身份签订向日本借款 1200 万元预借生铁价值续合同。滞留汉口数月，日夜为汉阳新熔矿炉设备及承包粤汉、川汉铁路所需钢轨而奔走。

8 月 拟于长江下游设与汉阳铁厂规模相当新厂。

与日商实相寺谈判往访西泽公雄，反对删除预借生铁价值合同第 5 款。

9 月 赴京。

10 月 武昌起义爆发。市井混乱。筹商保护汉阳铁厂事宜。

与德商谈判销售萍矿煤焦。

任汉口红十字会会长。

11 月 抵沪。

12 月 在大连与小田切会谈。

经安奉线到若松。

赴日本神户访问。

**1912 年**

1 月 向南京临时政府捐助 500 万元。

与日本三井洋行交涉不同意汉冶萍由中日合办，惟赞成展借外资。

2 月 携盛宣怀的委任状赴日本东京洽谈商务。

与横滨正金银行重订预借矿石价值合同及特别合同。

3月 赴沪。

协助盛宣怀筹办上海义振会。

在上海召开临时股东大会,建议汉冶萍合办案移交新政府办理。

告诫盛宣怀,不可借助外力以保护私产。

4月 经股东常委会决议,任汉冶萍公司经理,主持公司各项事务。

7月 与英德代表进行商务谈判,拒绝英国梅耶公司和德国克虏伯公司推荐技师和投资控厂的建议。

8月 与日商高木陆郎谈判。

12月 向日本横滨正金银行借上海规银250万两。

兼任上海广仁善堂董事会议事员。

被推举为汉冶萍公司总经理,主张不借外款。

**1913年**

3月 出访日本。

7月 处置煤铁运销困难。

筹划在大冶袁家湖设立新厂。

11月 在上海与高木陆郎会谈。

12月 反对借款合同中压抑汉厂生铁售价的规定。

向董事会申请,坚辞汉冶萍公司总经理职。

因谈判严重耗费精力,患病卧床。

**1914年**

2月 会见日本正金银行上海分行经理。

3月 患病卧床,重至吐血。

4月 带病与北洋政府肃政史曾述讨论汉冶萍现状及解决办法。

**1915年**

2月 受北京政府农商部嘉奖。

3月 参加汉冶萍公司上海股东洽谈会。

4月 就日方提出合办汉冶萍事,质问高木陆郎。

8月 卸公司总经理职,由赵剑秋(赵椿年)继任。

**1916年**

2月 受王阁臣推荐,参与创设浦东炼铁厂。

4月 与安川敬一郎谈判,反对日商压抑生铁价格。

9月 任大冶铁厂厂长,翌年6月辞职。

12月 以汉冶萍公司高等顾问身份访问日本。

**1917年**

初 向北京政府呈报汉冶萍公司中日交涉事宜。

9月 会见正金银行驻北京董事小田切。

向公司董事会汇报增开纪家洛矿及中日谈判经过。

**1919年**

为交通大学上海工业专门学校图书馆捐款。

因积劳成疾,谢归养疴于上海。

**1929年**

将所置产业1/3捐助东吴大学。

6月 病逝于上海。

(彤旗、永安)

# 李维格先生生平研究

# 李维格与《时务报》

众所周知，19 世纪末，上海创办的《时务报》在宣传维新变法、救亡图存，开展资产阶级思想启蒙运动中，发挥了非常重要的作用。它是梁启超、汪康年、黄遵宪等创办的资产阶级改良派的机关报，其中，李维格做出了积极的贡献。

## 一、在汉阳铁厂期间，李维格为《时务报》所做的工作

1896 年 4 月至 1897 年 4 月，李维格在汉阳铁厂担任通事翻译。此间，他就帮《时务报》馆做了大量的工作。

1. 在汉口负责着为数不少的《时务报》的分派和收款工作；

2. 批阅了《时务报》馆送来的大量译件；

3. 先后为《时务报》物色推荐张伟之、张石如、伍光建等翻译人才；

4. 在汪康年排挤梁启超，汪康年与梁启超的矛盾中，李维格大胆直言，并试图以实际行动缓和二人的关系。

首先，李维格对梁启超在《时务报》馆的地位和作用给予充分的肯定和赞扬。他认为梁启超为《时务报》馆一巨擘，“系首创之人，揆诸情理不应离去”，“倘卓如不去，尊处大局尚不致摇动”。其次，他试图用实际行动纠正汪康年在《时务报》馆以东家自居的错误做法，并委婉地对

汪康年提出了批评。1896 年 3 月在《时务报》馆给李维格的邀请信中，都是汪康年一人签名。李维格对此大为不满，义正辞严地指出："尊处系公举之局，可否请商首创诸公"，"或首创诸公踪迹南北相间，馆事由吾兄一人主政，请吾兄商诸卓如先生。倘梁公谓然，请二公出名，赐一公函亦可"。[①] 由于李维格态度坚决，更由于李维格对梁启超的敬重，迫使汪康年于 1897 年 4 月就聘请李维格之事和梁启超商量，并以二人名义给李维格发了一道公函。

李维格此举虽然没有也不可能使汪康年放弃错误做法，但推迟了汪康年、梁启超之间矛盾的激化、公开化。这对《时务报》来说，确是很大的贡献。

5. 对《时务报》的分派、用人、内容等诸多方面提出大量中肯的意见和建议。譬如，对于物色翻译人才，李维格认为"登报招考，必无好手来应，还宜托人物色为是"，并建议"万航渡学堂中，头班学生或有可用之人，尊处何不商诸该堂?"[②]

又如，对于《时务报》的内容，李维格认为《时务报》议论正确，体裁新颖，选材精当，"然忠言议论篇幅不多"，以后，"报料必须先行筹定"。他借鉴欧美报纸自然和社会科学，宣传名人言论等经验，鲜明地指出：尊处倘能如法炮制，必有效验。"他还指出，《时务报》"宜改用新议，以免久致人厌"。对于翻译，他建议"中国欲扩充商务，而无商务

---

① 《汪康年师友书札》第 1 册，上海古籍出版社 1986 年版，第 584 页。
② 《汪康年师友书札》第 1 册，上海古籍出版社 1986 年版，第 583 页。

律例，有事何所适从。日本有《商律》译成英文者，谓宜译汉刊行”，农学及各国制度等文章和书籍也应在翻译之列。①

从李维格对《时务报》的赞赏、支持、工作的参与以及以上建议，不难看出李维格对康有为、梁启超“变法之本，在育人才；人才之兴，在开学校；学校之立，在废科举，而一切要之大成，在变官制”的一套政改方案和“设议院”，“伸民权”等带有资产阶级民主主义色彩的政治观点，以及发展资本主义经济的主张是赞同和支持的。同时他在如何扩大变法内容等方面还提出了自己独创性的见解。这与李维格精通外语，谙熟西学分不开的。这些在当时是十分难能可贵的。

## 二、李维格参与创办《时务报》的原因

如上所述，1896 年 4 月至 1897 年 4 月，李维格在汉阳铁厂担任通事翻译，并为《时务报》作了大量工作。至 1897 年 4 月，他索性离汉就沪，到《时务报》馆工作。这里有比较深刻的时代背景和多方面原因。

从当时中国所处的时代看，甲午战争的炮火打破了近代先进的中国人试图通过洋务运动实现富强的美梦。世界主要资本主义国家已过渡到了帝国主义阶段。中国面临着被瓜分的危机。惨痛的教训和无情的现实惊醒了中国广大的具有资本主义改良倾向的知识分子，使他们

① 《汪康年师友书札》第 1 册，上海古籍出版社 1986 年版，第 579—580 页。

由参与、支持洋务运动转移到要维新变法。“学西学”，“兴民权”，“设议院”，“实行君主立宪”成了时代的最强音。“世界潮流，浩浩荡荡，顺我者昌，逆我者亡”。李维格正是顺应潮流，毅然决然地走上了维新变法的道路。

从李维格本人的志趣看，他在汉阳铁厂担任通事翻译一职，却并不喜欢当翻译，而对译书情有独钟。关于此事，他不止一次向当时汉厂总办郑观应和《时务报》经理汪康年提起，并且做出了下一步的打算：“如不准专译书，必返沪入《时务报》馆或西学书院。”① 汉阳铁厂督办盛宣怀、总办郑观应曾多次做他的思想工作，并想通过设置译书馆、总稽核处等机构来挽留他。但李维格经过深思熟虑，认为《时务报》馆“欲保全我族类，为此大声急呼之举，仁心仁术，海内嗡然”，《时务报》“体裁之尊，采择之精，撰述之富，断非各处日报之拾街谈巷议者所能望其项背”，② 到《时务报》馆工作，才能适应时代潮流，最大限度的发挥自己的才能。于是，他下定决心，于1879年4月告假返沪进入《时务报》馆，走上了宣传维新的第一线。后来，汉阳铁厂多次邀请李维格回去，都被他婉言谢绝。李维格此举说明了他对维新的向往，也体现了中国知识分子孜孜于“立德、立言、立功”的优良传统。如果把李维格的志趣看作他离汉赴沪的内因，那么当时《时务报》的湖南、湖北代收捐款者邹代钧、叶瀚诸君的一再推荐，汪康年、梁启超

① 《汪康年师友书札》第1册，上海古籍出版社1896年版，第334页。
② 《汪康年师友书札》第1册，上海古籍出版社1896年版，第581页。

的诚挚邀请，就是此事的外因。李维格去上海之前，邹代钧、叶瀚等不断给《时务报》经理汪康年去信，认为李维格精通外语，可以胜任西文翻译，并且他胸怀宽广，志向远大，定会成为汪康年的得力助手，并建议汪康年定要给李维格优厚的待遇，“任之信之”。[①] 于是，汪康年给李维格写了10多封词恳意切的邀请信。一方急于参与维新变法的宣传，一方又极力邀请，这样就促成了李维格的上海之行。

## 三、李维格为《时务报》翻译、勘定的大量译文及其积极作用

李维格于1897年5月由汉口到上海，至1897年10月由上海赴湖南。数月之间，李维格在《时务报》筹稿、印刷、分派、收款等诸多方面给了汪康年大力帮助。更为重要的是，李维格亲笔从《伦敦中国报》、《朝鲜西字月报》、《伦敦记事报》等7种英文报纸中摘取、翻译了19篇文章，并亲自勘定了由归安孙超、龙溪王史同从《美国格致报》、《伦敦东方报》、《上海字林西报》、《京津西报》等10多种英文报纸中摘取、翻译的160余篇文章。[②] 作为勘定者，一向办事认真的李维格不但对译文本身做了认真的校正，而且对译文的选取做了细致的指导，对译文的内容做了一丝不苟的审查。译文篇数众多，内容丰富，概括起来主

① 《汪康年师友书札》第2册，上海古籍出版社1896年版，第1856页。
② 《时务报》第31－45册(光绪二十三年六月一日至十月二十一日)。

要包括以下四个方面：

第一、描述了当时中国所面临的国际国内形势，指出解决中国问题的出路在于维新变法。

译文披露，在国际上，俄、日占领高丽，俄欲谋吞印度，日、美争夺檀香山等。指出帝国主义国家欲置广大的落后国家为他们的殖民地。中国亦如其它落后国家一样，处于亡国灭种的危机关头。“英居其西、法居其南、俄居其北，虎视鹰瞵，实逼处此，德国虽无他，未见其攘臂而起，而其处心积虑，狡焉思逞，初无异于三国也。”国内，“云南有揭竿之事，广西有霍苻之患，教士买实尔被害，云南之匪与甘肃回匪相勾结”[①] 内忧外患，迫在眉睫，中国出路何在？译文称：“中国必尽革其旧日之弊，举国而效西方之治，政令教化，咸于维新而后可。”[②]

译文扩大了人们对外界情势的认识，唤起了他们御侮图存的觉悟，激发了他们奋发向上的士气，产生了深远的影响。

第二、译文对如何进行维新变法进行了探讨，提出一些切实可行的真知灼见。

译文指出：中国要维新，要富强，“非徒恃铁路之袤延也，非徒恃进出口货之充物也”，非发展资本主义工商业不可。而发展资本主义工商业，“要在民智之开而已”，“未闻民智不开而国能富强者也”。开民智，即讲教养，提高国民素质，是维新事业的突破口。要提高国民素质，首先，要

① ②《时务报》第37册，第12—19页（光绪二十三年八月一日）。

注意普及各门各类基础或实用的知识于民间；其次，要学西文，开西学堂，学西学，造就无数人才；再者，必须改革科举制度，笼络有用人才。

难能可贵的是，对于学西学，译文采取了辩证的制度，认为既要看到学习西学的长处，又要注意并克服它的不足。例如，译文在论及美国两党制时，发出“堂堂美国，而紊乱若此，不亦大可哀哉”的感叹，并加按语说：“美国分南北党，两党相抵”，遇事议而不决，或决而不行、效率低下，中国不应效仿。①

这些译文所提出的发展资本主义工商业的主张，“开民智、学西学、废科举”的号召，对封建主义旧文化是一种否定，在当时，起了震聋发聩、思想启蒙的作用。并对各种维新措施的出台也起了一定的指导作用。正如当时湖南巡抚陈保箴在湘抚陈购时务报发给全省各书院札所说，《时务报》中“所译西报，尤多关系，其激发意志，有益于诸生者诚非浅鲜。”

第三、一些译文还介绍了当时泰国、高丽等国变法的情况，给中国维新变法提供了能够借鉴的经验教训。

譬如，在论及泰国（当时叫暹罗）变法时，译文写到：“暹王竟能不畏艰难，励精图治，不特因时制宜，电器与气机并用，且能取法西国律例之长，以整顿其比中国、土耳其尤弊之政，凡西国政治、学问、艺术，向所习闻者，躬柔而且验之”“夫暹罗与日本，同处亚洲，接踵而起，可见亚

---

① 《时务报》第39册，第9—12页（光绪二十三年六月一日）。

洲人聪明才力，实有大过人者。若有志则无不成也”，“欧洲教化，何者为纯？何者为疵？何者关系紧要？何者无足轻重？暹王一一明辨之”。暹王热心变法，主张并善于向西方学习。[①] 李维格在翻译、勘定这些文章的时候，深感这正是国势衰微的中国急需要做的，正是中国无数爱国维新志士的心声和呐喊。译文刊出后，受到中国具有资产阶级倾向的士大夫的热烈欢迎，同时也促进了他们进一步觉醒。

第四、一些译文还介绍了中国、日本、高丽等国的资源、商务、实业状况；最新学术信息、学术动态；火柴、曷格斯射光（红外线）、空中鱼雷等自然成果的发明等。这些译文就其基本精神，是和上述译文一脉相承的，都是为了开阔人们的视野，激发维新的士气。

近 **200** 篇译文，通俗易懂，条理清晰，还发展了自 70 年代从龚自珍、魏源等鸦片战争前后力主变革的老一辈思想家们经世致用的政论文章中发展出来的“时务文体”，并且译文中使用了数处按语。这对报刊业务来讲，无疑是一种提高。

（赵学昌）

---

① 上书第 31 册，第 12—15 页（光绪二十三年六月一日）。

# 李维格和湖南的维新运动

19世纪末，随着列强瓜分中国步伐的日益加紧，国家命运危在旦夕，维新变法运动在全国日益高涨起来。在李维格及同时代的陈宝箴、黄遵宪、江标、徐仁铸、梁启超、谭嗣同等人的积极影响下，湖南成为全国最富朝气的省。根据现有资料，李维格于1897年底至1898年夏秋间，主要做了如下3个方面的工作。

## 一、时务学堂培育新学士子

时务学堂，1897年10月设立于长沙，是湖南重要新政之一，目的在于培养一批青年的维新人才，以为担当维新事业的干部，熊希龄为提调、梁启超为中文总教习，韩文举、叶觉迈、欧榘甲为中文分教习，李维格为该学堂的西文总教习。

李维格，学兼中西，“操履笃实，志趣纯粹，颇有儒者气象”，适宜于任西文总教习。[①] 他原是上海《时务报》的西文翻译，是在黄遵宪、邹代钧、熊希龄、谭嗣同等人的极力邀请下来湖南的。[②]李维格担任时务学堂西文总教习，提高了学堂的教学质量和声誉。湖南青年学子纷纷报考。1897年9月24日时务学堂第一次考试，录取40名，1898

---

① ②《汪康年师友书札》第二册，上海古籍出版社1986年版，第2360页。

年3月22日第二次考试，录取内科生30名，外科生18名，附课生7名，5月录取第三期学生，内科生18名，外科生52名，备送北洋学生10名。[①] 李维格与梁启超等在时务学堂讲学时，尊今抑古，扬新弃旧，主变法之议，倡民权之说，勉励学生阅读介绍西方资本主义社会科学学说和自然科学知识的翻译本西书，使不少深受封建思想桎梏的时务学堂学生，浸泽《公羊》改制学说，呼吸新鲜空气，成为一批新学士子。如林圭、田邦、蔡锺浩、秦力山、李炳寰、蔡锺沅等都是时务学堂学生，后来成为自立军起义的骨干，有的还参加了兴中会。

在李维格、梁启超及时务学堂的影响下，湖南开明士绅，纷纷请求更改书院章程，如岳州府士绅郭鹏、方傅鸾等即请改变岳阳书院课程为经学、史学、地理学、算学、词章6门。宝庆府武冈州拟将鳌山、观澜、峡江三书院一律改课西学。

## 二、南学会讲演论译书

南学会筹议于1897年冬，而正式开会则为1898年2月21日，是资产阶级改良派谭嗣同、唐才常等在湖南巡抚陈宝箴的支持下组织成立的一个救亡御侮的政治组织。

根据《南学会大概章程》，由湖南巡抚选派本地士绅10人为总会长，再由这10人各举所知，涉引会友。会友有

① 《湘报》第37号、第66号(光绪二十四年三月二十八日、四月二日)。

三：一曰“议事会友”，由南学会的创办者谭嗣同、唐才常、熊希龄等充任，议定会中事物章程；二曰“讲论会友”，定期开讲，随时答问，推皮锡瑞主讲学术，黄遵宪主讲天文，邹代钧主讲舆地；三曰“通讯会友”，“远道寄函，随时酬答”。李维格为南学会的讲论会友。

作为南学会的讲论会友，李维格积极支持和参与了南学会的工作，表现在以下两个方面：

1. 虽经济拮据，境况窘迫，却慷慨解囊为南学会捐款。[①] 关于李维格的经济状况，在 1896 年他给上海《时务报》经理汪康年的一封信中有准确反映。信中他说：“惟弟境况，公所素知，今年仲冬，又须安葬先人。设馆之前，尊处薪水可否从丰？至多以半年为期。高贤在前，何敢僭越，实为境况所迫耳。”李维格与汪康年商讨薪水的原因就在于境况窘迫。事隔年余，由于其妻生一子，家庭负担较重，其经济状况并没有得到多大改观。虽然家庭清贫，李维格仍慷慨解囊资助南学会，表明他对维新事业的支持。[②]

2. 在南学会作了题为《论译书宜除四弊》的第五次讲演。[③]

南学会的主要活动方式是讲演。自 2 月 21 日正式开讲后，有讲学记录可查的共 13 次。李维格的第五次讲演言简意赅，切中时弊。

首先，他论述了译书对学习西学的重要意义。他认

① 《湘报》第 167 号，第 668 页。
② 《汪康年师友书札》第 1 册，上海古籍出版社 1986 年版，第 577 页。
③ 《湘报》第 32 号（光绪二十四年三月二十二日）。

为，西语是学西学的门径，然而学习西语需要日积月累，收效甚迟，结果造成“有志西学者向隅”，基于此，只能通过译西学来介绍、学习西学。

其次，他概括了当时翻译界存在的严重问题，归纳为“难曲畅旁通”，“粗浅”，“混淆杂乱”，“无董理考订，无宗旨遵循”四病，并对“四病”的原因作了客观分析。如因“中国译书，大都西人口译，华人笔译。惟西人操华语，既难辞达，而笔述者于所译之书，又素未究心”，故很难“曲畅旁通”，又如因“上海制造局、北京同文馆及私家所译之书，皆各不相谋，有一地一人而译数音者，一字而译数义。一物而一数名者”故“混淆杂乱”。

最后，他针对“四病”，建议“今宜设一总译书局于上海。每译一专精之西学，即延一专精之西人，以备问难析疑。此外再延畅晓中西文理者若干人，由畅中西文理之人翻译，遇疑难之处，即请专精之西人讲解，务使融会贯通，毫无隔阂。译稿既脱，则属博通中学者商定之，而于译局之前，禀请明降谕旨，凡局中译成之书，皆作为官本，以后各处译书，一切音义，必须取为准绳，不得再有参差。现上海拟设南洋大学堂，尽可令学堂教习兼顾，费省而事易集。”并预言：“诚能如此办理，数年之间，西学尽为我有。于是国家专科取士，专途用人，富强之道，其在斯乎！”李维格的建议虽未能完全实现，但他的见解是相当深刻的，对中国的翻译工作是一大贡献，也反应了他想通过译西书、学西学，实现中国富强的爱国心声。当时陈宝箴、皮锡瑞、谭嗣同等还大力宣传康有为的政制学说，主张设立更多的学会，“以联合之力，收群谋之益”[①]，进行变法维新的舆论宣传。

在李维格、谭嗣同、皮锡瑞及南学会的影响下，湖南各州府县陆续实现了新政，促进了湖南所属各地社会风气的转变，知识分子思想的解放，也促使了湖南各地学会的成立，如不缠足会、延年会、积益学会等。

## 三、《湘报》译评各国时事

《湘报》，著名维新派报纸之一，每日一期，长沙出版，“可裁作四页，集订成书”，唐才常任主编，1898 年 3 月 7 日（光绪二十四年二月十五日）发刊，同年 10 月 15 日停刊，共出 177 号，与时务学堂和南学会“联为一气”、“专以开风气、拓见闻为主”。

李维格担任《湘报》的董事兼西文翻译。作为董事，他同梁启超、谭嗣同等担负了处理《湘报》日常事物的繁重任务；作为西文翻译，他翻译并在《湘报》上刊登了大量的西文。[②]

首先，这些译文报道了列强瓜分中国的时事，如德国强占胶州湾和青岛港，沙俄侵占旅顺、法国租借广州湾，英国欲保守香港和占据威海卫等，指明了中华民族所面临的亡国灭种的严重危机，对世人起了警醒作用，推动了

① 《湘报》第 5 号（光绪二十四年二月十七日）黄遵宪《论政体私人必自任其事》。
② 《湘报》第 13－167 号，第 52－1668 页。

维新变法运动的高涨。

其次，李维格及其勘定的译文还对一些时事进行了评论。从一些评论文字分析，当时他对某些帝国主义的侵略本质还缺乏深刻的认识。如对美西战争中，美国及英国各方人士积极参与对西班牙作战的情形，评论道："美人争赴前敌，一国如一人者，盖国家视国人如子弟，国人视国家如身家故也；英人越国请缨者固由于英美一家，而亦以美救古巴为义战也。"[①] 这里李维格错把美西战争看成是美国救古巴，而没有看到其抢占殖民地的帝国主义本性。这是时代的局限，对此我们不能苛求。此外，由他勘定的一些译文也对重要时事做出过分析。如在分析西班牙从 1823 年起民变就不断发生时，曾指出原因在于西班牙王政太专横，而民众倡共和政治者甚多，评论虽出自西文作者，但也反映了李维格热爱维新事业，支持维新运动的思想倾向。这是因为李维格在翻译、刊登西文前，对西文的主旨是有过一番深思熟虑的。他认为，西文的主旨必须和"维新变法"的时代精神相一致。

另外，译文还介绍了重庆附近民众滋闹美国教堂、粤东大吏遣回湖南散勇滋事、宜章厘局张松雨直刺上彬州李太尊等中国内地的一些事情。这些又是研究四川、湖南等地地方史的重要资料。

总之，李维格在湖南期间讲授西学，勉励他的学生学习西学，重视翻译工作，并翻译了大量西文，促进了湖南

① 《湘报》第 107 号，第 427 页。

维新运动的蓬勃开展，对资本主义思想启蒙起了重要作用。

（薛昌）

# 李维格对外开放性实践及思想简析

李维格(1867—1929)是我国近代钢铁工业史上著名的实业家。他将毕生大部精力投入中国实业的发展,并做出巨大成绩,引起中外人士赞誉。其中,他的对外开放性思想及实践,在闭塞落后的清末民初时期,发挥了突出的作用。

## 一、学习西学

李维格幼年就羡慕西学,肄业于上海西学堂,通晓英文。留学英国及出访美日期间,又学习了法文,并刻苦钻研西文的政教术业,尤其对冶练工艺、机器制造具有较深的造诣。[①] 后来在汉阳铁厂、汉冶萍公司期间,他依据自己丰富的西学知识,为铁厂和公司的经营、管理提出许多建议、办法和措施。比如,1902 年他为解决汉阳铁厂生铁和钢材本高价低,铁厂亏损严重的问题,提出以铁就煤"烘炉加装汽锅"、"生铁炉经送热水"、"预备两炉齐开"、"自炼锰精"等减轻成本的办法;[②] 1904 年,他又建议盛宣怀(时任汉阳铁厂督办)在湘东设立新厂,以用铁就煤,减少运费,减轻成本;[③] 1907 年,汉阳铁厂、大冶铁矿、萍乡煤

① 《李君家传》,陈三立著,藏于家。
② 《汉冶萍公司》第二册,上海人民出版社 1984 年版,第 191—194 页。
③ 陈真编《中国近代工业史资料》第三辑,三联出版社 1961 年版,第 394 页。

矿资金短缺，他建议盛宣怀将三厂矿合而为一，完全商办，成立汉冶萍煤铁厂矿股份有限公司；[①] 1911年，拟定在汉口组织冶萍公司总管理处，以纠正厂矿在汉、在萍，而董事会在沪，二者相互隔绝的状态等等。[②] 我们暂且不论这些建议、办法、措施的采纳、落实与成效，单就其本身来说，足以显示出李维格西学知识的渊博。

李维格认为，兴办实业，只靠一二贤公不可，还必须培养大量的具有西方工艺的人才。为此，1897年他建议盛宣怀（时任汉阳铁厂总办）组建铁厂学堂，并亲自为学堂制定了章程。[③] 章程规定铁厂设化算、炼铁、炼钢、机器四学堂，招收"西文精通，算学精解之学生三十名"，学炼铁十名、炼钢十名、机器十名，各学堂学生皆学化学与算学。他认为"炼铁、炼钢皆肇端于化、算学，机器虽不借经化学，然能兼习，亦足以互相发明，算学尤为机器为本。"学堂采取"教习指授"与学生"习练"相结合的方式。既重视知识的积累，又重视能力的提高，培养有用的人才。学堂课程的设置，教学方式的安排，带有明显的职业教育的特点，与埋头故纸堆，搞繁琐论证，或侈谈心性义理无实无用，不问现实、夸夸其谈的士林风气形成鲜明的对比。李维格倡导、组织学习西学，符合我国近代历史的主题，具有进步的意义。

---

① 《李君家传》，陈三立著，藏于家。
② 陈真编《中国近代工业史资料》第三辑，三联出版社1961年版，第474页。
③ 《汉冶萍公司》第一册，上海人民出版社1984年版，第453—457页。

## 二、借用洋匠

落后的近代中国，要创办近代新式企业，求强求富，惟缺少新的科学技术人才和管理人才，这样就不得不借用外国的工匠。

1904年，李维格在萍乡煤矿总矿师赖伦及汉阳铁厂前洋工师吕柏的帮同物色下，在国外聘定新工师四人，生铁炉，钢厂，轧轴厂，修理机器厂各一名。新工师全系德人。

他借用洋匠不徇私情，准则是"任人为贤"。1904年，他在论及管理新工师的人选时曾说："原议此新工师四人，归总办及总矿师赖伦节制，现赖伦因矿事紧要，不能兼顾，其势只能另聘有资望可信任之总工师人来华统制，否则，华总办内外事烦，又无此种专门学问，以致小省大亏……前生铁炉工师吕伯，天资敏捷笃学深思，办事亦有血性，回洋以后，阅历更多……该工师确系总核人才，驾驭华洋师匠，可期胜任愉快。"他看重吕柏，是因为吕柏学识渊博，能胜任其职。[①] 李维格选用洋匠还注意洋匠之间是否意见一致，相互团结。他之所以聘用德国工师四人，是因为"新工师德人，吕伯、荷兰人，与总矿师赖伦均极融洽，可免从前厂矿洋人之嫌隙……"[②]洋匠意见一致，相互团结，遇事才能不相互推诿。提高工作效率。

借用洋匠的作法具有重要意义：

---

① ②陈真编《中国近代工业史资料》第三辑，三联出版社1961年版，第411页。

第一、引进了西方较先进的机器。1904 年李维格出国考察铁政，由美国辗转到欧洲，在英国钢铁化学名家史戴德的帮助下，对冶矿萍煤进行化验。经化验得知，汉阳铁厂所炼钢轨含磷太多，太脆太软的原因在于张之洞初办汉阳铁厂时，错配了英国冶炼含磷少矿砂的贝色麻炉。大冶矿砂含磷较多，只能选用碱性的西门士马丁炉。于是李维格听从史戴德之议，决定废弃贝色麻炉，改用马丁炉。在英国顾问工师彭脱萍乡煤矿总矿师赖伦及聘定之新工师的帮助下，他投标各厂家，改订了马丁新机炉。外国工程师在此次引进马丁机炉的过程中，做出了杰出的贡献。正如李维格所称："此次购办机炉，全得英人顾问工师彭脱之力"。"遍观英美德厂司员，见不到之处殊多，全恃工师以补不足，用能采取众长，自开清单，招英德美名厂数家投标，复与在外洋之萍矿总矿师赖伦及聘定之新工师，投标各厂家，再讨论辨难，然后分别定断""彭脱、赖伦办事，则实心实力，操守一丝不苟，数月奔驰，舟车甚劳，无彼二人，司员断不能到此精核处也。"①

第二、引进了西方先进的技术和先进的管理方法。洋匠们通过自己和中国员工的努力，使人们亲眼目睹了使用机器和先进技术的成效，也推动了中国各行业的技术改造。近代企业的管理方法关系到企业的成败。中国近代企业特别是洋务企业，管理者不懂管理的现象十分严重。洋匠到后，提供了许多新式的管理方法。

① 同上书，第 410—411 页。

第三、培养了一大批中国工程技术人员。

洋匠在生产实践中，手把手地传帮带，使中国员工迅速掌握了机器生产的技术，中国企业缺乏技术力量的困难及时得到解决。让中国人员学习洋人制造方法，务须得其密传，以为自强之计，是李维格聘用洋人的主要目的。

## 三、借用外资

当时，汉阳铁厂、汉冶萍公司的经营，靠的是官款、官股、商股、洋款和私人款项，其中主要是官款和洋款，其次是商股、官股，亦就是借钱生财。这在当时和后来，都引起了不少歧义，尤其是借用外资，它成为否定企业经营者的主要佐证。那么，事隔一个世纪的今天，以李维格为例，重新认识引进外资、举借外债吸取经验教训，对我们有中国特色社会主义的经济建设是大有裨益的。

据现有资料记载，李维格共主持筹借外资两次。一次是 1906 年，他和盛宣怀向日本三井物产会社借日币 100 万元，条件是铁厂允许三井自 1906 年 2 月到 1909 年 12 月在日本等处代为专销汉阳铁厂所造货料。[①]一次是 1907 年，他和盛宣怀代表大冶矿局向日本横滨正金银行借日本金货 30 万元，条件是照 1903 年日本制铁所及日本兴业银行与督办湖北汉阳铁厂之大冶矿局所订大冶购运矿石预借款价正合同自 1907 年 12 月 13 日，每年添加 2 万吨，以 5 年为止。凡借款担保及矿石含质价值等一切事项

① 《汉冶萍公司》第二册，人民出版社 1984 年版，第 540—544 页。

1907年合同未及详载者，悉照1903年合同一律办理。[1]

那么，李维格借用外资的结果如何呢？以往有些学者们认为汉阳铁厂、汉冶萍公司的经营者举借外债，使企业丧失了自主权，我们把李维格的两次借款和汉冶萍公司后期所借外资相对照来分析，就不难发现，李维格所借外资还是取得了一些积极成效的。

第一、借用外资以弥补资金不足，使汉阳铁厂摆脱了一系列困境，刺激了汉厂和汉冶萍公司的发展。汉阳铁厂从成立之日起，就存在着资金不足的弱点。因为财政危机一直是半个多世纪清政府无法解决的难题。而根据国内的经济状况看，民间也不会存在雄厚的资本，何况当时人们宁肯用钱去买地产也不愿把钱投入风险较大的新式企业。因此，洋务企业不得不走上借用外资的道路。

李维格利用向三井物产会社借的100万元日币和盛宣怀前所借300万日元，对汉阳铁厂的设备进行了改造。拆去原来的贝色麻炉，安装30吨马丁炉2座，150吨大调和炉1座，添建250吨高炉1座，扩充和扩建了机修厂、轨钢厂、钢板厂、钢轨厂、电机厂。设备的改造和铁厂的扩充，增加了生铁和钢材的产量，提高了产品的质量从而扩大了产品的销路。1909年，"大冶出铁矿306000吨，锰矿1500吨。铁厂出生铁74000吨，内16800吨运上海及他口，23700吨运日本，3800吨运美国……出口及接搭等件共28500吨，较上年出货加倍……虽经大加机料，而定轨

① 《汉冶萍公司》第二册，人民出版社1984年版，第659—660页。

之单甚多,仍有应接不暇之势。”① 汉冶萍公司产销两旺,1909 年和 1910 年均有盈余。这在汉阳铁厂、汉冶萍公司历史上实不多见。

第二、李维格借用外资改造和扩建汉厂,对我国铁路事业的创建起了重要作用。当汉阳铁厂改造完成之时,正值清政府大造铁路之际。铁厂所生产钢铁及时接济了浙江、江苏、福建、广九、南浔、津浦、湖南粤汉及京汉各路之用。铁路的建设,又促进了沿途经济的开发,从而推动了国内近代化事业的发展。

## 四、关注国外市场、主张对外贸易

鸦片战争前,由于自给自足的自然经济的抵制作用和清政府实行闭关锁国的政策,西方资本主义工商业商品很难在华销售,在对外贸易中,中国一直处于出超的地位。鸦片战争后,随着一系列丧权辱国的不平等条约的签订,外国商品源源不断地拥入国门,囿于中国工艺的落后,国内企业生产的产品在中国市场上很难与外商争胜,更不用说走出国门,与洋人争利了。当时很少有人去关注国外的销售市场。而李维格为了振兴中国的钢铁工业,在改良,设备、降低成本、加强管理的前提下,却十分关注并极欲占领国外市场,发展对外贸易。

1904 年,李维格出国考察铁政回来后,在《出洋采办

① 汪真虞编《中国近代工业史资料》第二辑上册,科学出版社 1957 年版,第 482 页。

机器禀》中就预言："湖北铁政，苟中国以全力大举，不但东方销路在我掌握，并可运销于美国西滨太平洋各省。"并进一步分析说："盖美之煤铁矿、铁厂均在东省，东西远隔万余里，铁路运脚，每吨约需美金10元，而英国恃美太平洋各省粮食，运粮而往，带铁而归，每吨只需运脚14先令(合美金3元半，此系中数，有低至8先令，而高至20先令者)虽有进口税，每吨4元，而尚较自东徂西，车送为贱。美国松木，为中东各国进口大宗，运木船只缺乏回载。司员道出旧金山时，运木轮船公司，极欲揽裁我之钢铁每吨运脚美金3元(12先令)。"因而只要汉厂生铁和钢材本低价贱，质量上乘，下一步就可以占领美国西滨太平洋各省的市场。[1] 他以锐利的目光和聪颖的经营头脑及时发现了海外市场的空白点和远洋运销的有利条件。在1908年10月汉口商会关于汉冶萍厂矿公司招股的演说中，他又将此计划公布于众。以当时不懂经营管理、市场技能，只知营私舞弊、损公肥私的汉冶萍公司经营腐败之习气来看，李维格的见解和计划的确是难能可贵的。李维格的计划并没有落空，据记载，1909年"3800吨运美国。美名之曰中国生铁，定价美金25元，而英伦及欧洲各国之铁价只24元半"，由于生铁外销"本年(1909)因旺盛而殊形忙迫，此厂大开风气，成效显著，皆总办李维格君及商务长王阁臣君之力及其目的之远也。"[2]

---

① 陈真编《中国近代工业史资料》第三辑，三联出版社1961年版，第409页。
② 汪真虞编《中国近代工业史资料》第二辑上册，科学出版社1957版，第482页。

要占领国外市场。需要按照国际商务惯例行事,并采取一定的销售策略。1904 年,李维格出国考察伦敦后,曾辗转设法商请英国钢铁船料公估局派人来华验看钢铁船料。回国后,他在《出洋采办机器禀》中说:“司员早年即闻英国有钢铁船料公估局,英厂所造钢船桥料,均由公估局派人到厂掣验,合用然后打戳,听售于船厂,船成后,造法用料,均称合格,公估局始为注册列号发给文凭,船商持凭方能保险,一一钩勒,无可逃免。司员预为地步,汉厂钢铁,计非公估局派人来华验看不可,故在伦敦时,辗转设法商请,幸已邀允。将来有此司员驻验,声价可与洋商齐高,人之购料者,但有公估司员戳记,即不问其来何厂矣。”[1] 李维格欲借助公估局来提高汉厂所产钢铁船料的知名度,提高产品价格,扩大产品销路。另外,他还建议:“运销外国之货,往某国者,即宜选派某素有声望巨商专销若干年,使其有利可图,方能得其实力,开通销路。”[2] 现在来看,这很可能于西方存在的市场垄断现象有关。至于后来英国钢铁船料公估局是否派员来华,销往国外之货是否得力于国外素有声望巨商,国外巨商分享利润几何,都无资料可证实、查找。即使如此,李维格对国外市场及销售情况的熟悉,策略的高明,也是应当给予肯定的。

另外,李维格还分析了近代中国在对外贸易中遭受外人剥削、掠夺,以致贫弱的根源。他认为:“夫中国之弱,

---

① 陈真编《中国近代工业史资料》第三辑,三联出版社 1961 年版,第 409 页。
② 同上书,第 409—410 页。

在于门户之解严，何以言之？盖列强最虑漏卮，涓滴不以让人，如美、德、俄、法等之地大物博者，无不高抬进口税，以堵外来之货。值百抽百者有之，即其禁闭门户之上策。吾国海禁初开时，商约失算，进口税一项，任彼抑制，只能值百抽五，无自主之权，迄今不能修改。无疑乎列强商品，五光十色，捆载而来，以炫耀于我市，使吾之金钱日益外耗……”① 李维格在文中所称“禁闭门户之上策”，并非如鸦片战争前清政府所执行的对外闭关锁国政策，而是保护民族工商业的关税政策或贸易保护主义政策。而我国近代以来备受外人剥夺，这种关税自主权的丧失是一个重要原因。当然，近代以来中国贫穷落后的根源是多方面的，李维格没有也不可能一一论及，但他的分析已基本触及到帝国主义侵略是近代以来中国人民受苦受难的总根源这样一个事实。这不能否认其见解的深刻，思想的深邃。

李维格学习西学，借用洋匠、借用外资、关注国外市场、发展对外贸易的实践和思想曾经使汉阳铁厂死而复生，汉冶萍公司闻名中外，但他无法改变和挽回汉冶萍公司在半封建半殖民地社会中最终结局。今天，祖国大地，海晏河清，社会主义工业化蒸蒸日上，重温李维格对外开放的实践和思想，给我们很多启迪，也更加坚定了我们对外开放、建设有中国特色社会主义事业的信心。

（赵学昌）

---

① 《中国调查录·汉冶萍煤铁厂矿记略》，《东方杂志》第7卷第7期。

# 李维格与最早介绍诺贝尔奖的一篇译文

1901年12月10日，当中国人民正在八国联军侵华造成的难海中呻吟时，瑞典斯德哥尔摩音乐大厅和挪威奥斯陆议会大厦举行了首届诺贝尔奖颁发仪式。这一震惊世界的旷古之举引起全世界的关注。其实，早在四年前，亦即科学界巨擘诺贝尔逝世后仅半年，我国就了解了诺贝尔及其设置奖金的情况。

在我国最早介绍诺贝尔奖的是李维格先生。

李维格，字一琴（亦作峄琴），江苏吴县人，1867年生于上海南市区。他幼年家贫，从父半工半读，后肄业于西学堂，工学知识渊博，谙熟英文。因“浩然有求学异国之志”，于19世纪80年代末赴英国求学，同时又习法文。90年代初，先后随崔惠人使美，李伯行、汪芝房使日，受到国外资产阶级民主思想的熏陶。甲午战争后，日本迫使清政府签订丧权辱国的《马关条约》，各帝国主义国家竞相掀起瓜分中国的狂潮。李维格为救亡图存呼号奔走，积极参加变法维新运动。1897年初，迫在眉睫的民族危亡使他更加密切注意国外进步思想动态，翻译西方书刊，同时应汪康年和梁启超的邀约。给《时务报》撰稿。这期间，他经常向国人介绍西方的自然科学知识，如牛顿的地心力说、剖脑医疗法、爱克斯光、火柴的发明和南极、北极的探测情况等。1897 年 10 月，他与梁启超接受湖南维新人士熊希龄、黄遵宪等邀请，赴长沙任时务学堂西文总教习，并在湖南积极参加南学会的活动，为南学会讲学，启迪革命青年投身救国。如著名的资产阶级革命人士蔡锷和毛泽东的岳父杨昌济就是其中佼佼者。当时，《湘报》和《湘学新报》经常登载他的文章，成为中国人尤其是维新人士了解世界和学习外国的一扇窗口。

正是为《时务报》撰稿期间，李维格主持翻译了美国格致报的文章《瑞人挪勃而散财以兴格致》(格致即"格物致知"的略语，清末以此作为物理、化学的总称。译文载于1897 年 7 月 31 日《时务报》)。译文以极其崇敬的心情和饱蘸感情的语言，概要介绍了西方格致之学的盛况，高度赞誉诺贝尔对科学的贡献和设置诺贝尔奖的壮举，还比较详细地介绍了早期 5 项奖及获奖者的条件：

物理奖："有能于格物学中，行其至要极新之法者，赠之以五分之一"；

化学奖："有能精究化学，精而益精，以造于无上上者，赠之以五分之一"；

生理学及医学奖："有能精究医药，无毫发遗憾，以疗众生病者，赠之以五分之一"；

文学奖："有能语妙天下，为文章圣手者，赠之以五分之一"；

和平奖："有能联络各国相亲如兄弟，且使遣散兵士以息干戈,设法举重以主和局势者,亦赠之以五分之一”。

译文以意译为主,忠于原作,也阐发了译者的思想,流露出对诺贝尔“鞠躬尽瘁,死后而不已”追求科学精神的赞颂,指出“故天下有格致家,不可无挪勃而其人。所可惜者,必迟至今日而始有此举也。”李维格十分钦佩诺贝尔以全部资财设置奖金鼓励后人的作法,称其为“鼓励之道,必有所藉”,并主张在奖励的基础上逐渐形成高尚的精神,激发后人推动人类科学与文明不断前进。

诺贝尔追求科学的精神对李维格影响很深。戊戌变法失败后,他怀着“科学救国”的理想开发实业,逐渐脱离政界,先后任汉阳铁厂总办、总经理,为民族工业的发展作出了贡献。民国初年,年过五旬的李维格基本退隐,1929 年谢世于上海。

(葛永安)

# 李维格先生生平资料选编

# 关于李维格先生生平资料的收辑

原苏州东吴大学(今苏州大学本部)操场四周,是以钟楼为主体的五幢穹(∩)形建筑,即林堂、孙堂、葛堂、维格堂和子实堂所构成。其中维格堂是当时为纪念热心教育事业、嘉惠学子而捐资兴建的爱国人士李维格先生而命名的。

从历史唯物主义的高度出发,毛主席曾经语重心长地讲过:“自从1840年鸦片战争失败那时起,先进的中国人,经过千辛万苦,向西方国家寻找真理,洪秀全、康有为、严复和孙中山,代表了在中国共产党出世以前向西方寻找真理的一派人物。”(《论人民民主专政》)爱国知识分子李维格,正是属于毛主席所指出的这一范畴。他和梁启超、谭嗣同、唐才常、黄遵宪等人,志同道合,要求维新改革,学习西方先进科技,力图改变“大清帝国”闭关自守的落后现状。

“前不见古人”,对李维格先生的生平概况,过去不仅知之甚少,往深里说,实在是一无所知,只是通过一年多来查找而积累的资料,从许多同时代人的不少论述中,才使我对他的人格和才能,获得比较全面而清晰的轮廓。例如:他的多年直属领导、清政府中赠太子少保、尚书衔的盛宣怀说:

“李维格心精心果，体用兼赅，本来谙熟方言，近更留心工学。”(1902 年 9 月)

“三品衔候选郎中李维格体精用宏，志趣淡泊……校对各约洋文，均极精审无讹……稍有未符，立即校正，尤为难得”。(1907 年 6 月)

“新钢厂布置井井，皆该郎中一人之力。”(1908 年 2 月)

“李维格办事可靠。”(1909 年 1 月 1 日)

“须早留心替人。李一琴已三折肱，为股东所信服，中外声誉亦好。”(1911 年 8 月 26 日)

湖南巡抚陈宝箴道：

“时务学堂……延聘学兼中西、品端识卓之举人梁启超、候选州判李维格为中学、西学总教习。”(1989 年 2 月)

顺天府尹陈璧说：

“该员淡于荣利，而矢志办成一事。”(1902 年春)

郑观应说：

“与李一琴共事一年，见其性情和平，颇有见地，交涉信件甚得当。”(1897 年 5 月 18 日)

张赞宸说：

“与一琴素未谋面，直至去年七月底到厂始把晤，见其一言一行，半年如一日，不仅品学兼优，且能血诚报效。”(1897 年 2 月 23 日)

“一琴处事小心。”(1902 年 7 月 15 日)

谭嗣同说：

“一琴史在馆，公度久即不以为然，谓屈抑其长才，仅得翻译也。”(1896年10月)

黄遵宪说：

“李虞琴在鄂时屡访之，笃行君子也。就西学中颇能言理致通西学者，如此等人甚少，弟甚佩之。”(1897年)

“以峄琴学行，弟所见通西学者几数十辈，而求其操履笃实，志趣纯粹，颇有儒者气象者，实无与伦比。”(1897年9月)

邹代钧对汪康年说：

“李一琴本佳士。”

“此君胸怀见识，均异常人，不仅以西文见长，当大为公助。”

参以陈三立、李宣龚、杨永清所撰传赞，完全可以说明，李维格不仅在同时代名人中、在所处同事中，而且在当时统治阶层的领导中，都是备受赞誉，毫无闲言的。他是一个不争名利而是进取心强、责任心重、言必信、行必果、勤奋好学、勇于任事、品格高尚为中外人士所钦服的平凡而又不平凡的人物，是在当时人们心目中不可多得的人才。他为了办好汉阳铁厂，艰苦创业，百折不回，“仔肩之重，困难之多，四年以来食不甘而寝不安者，几于无日不是。”他坚决认定“知钢铁世界，此厂实为中国富强命根。”1908年1月23日，他向全厂职工发出公开《布告》中说道：“退居深思，谁无事畜之累，欲我同人尽心办事，不能不有以体恤其情，将来厂有起色，公家当必有所分润，目前尚在艰困之中，公家实有所不遑。鄙人现定于薪水自三十四年二月份起，每月提银二百两存放本厂蓄储处生息，为同人中或有因病、因丧身故，家属无人养赡者，稍稍贴补，此项提薪至公家力能分润为止。……”恳切陈辞，呼呈大学“以情义相激发，一人尽一人之心力，使全厂无废工无废料，上下团结，致此厂于东方克虏伯、卡乃基，以为中国实业之表率。”有困难有办法有希望，诚恳朴实，大义凛然，为了中国富强，他倾注了无限心力，体现了无私奉献的精神，不仅在当时“如此等人甚少”，即使在我国改革开放新形势的今天，这种精神也将大大激励广大企事业领导者，从中汲取无穷的力量和有益的借鉴。

1993年九十月间，李维格先生的后裔、天津南开大学李正名教授致书东吴校友会会长张师梦白，并附寄陈三立《李君家传》及像赞，且提供了《谭嗣同年谱》、《汉冶萍史话》(台北版)等一些可参考的书目，希望我校有人能协助搜辑一些其祖父的生平事迹。张师就招我商量，并出示李教授原函，读后深为感动：正名教授这种不忘祖德，有意弘扬先人勤奋好学、爱国爱业，为祖国的工业化埋头苦干、尽瘁一生的精神，其动机是积极的，愿望是善良而真诚的；而且我考虑：维格堂是我校重要建筑之一，收集整理李维格先生的资料，可以说也是校史工作的一部分，我们应该承担这个任务，同时李维格先生是苏州人，收集整理他的有关史料，也是地方史志义不容辞的职责。这样我就慨然向张师表示，愿意勉力为之。

我在校图书馆整整工作了40年，考虑收集维格先生的资料，必须有几个主攻方面：一是有关记载生平事迹的，可以翻检近代各种历史性索引、人物辞书；二是有关记载近代工业企业资料，特别是汉冶萍公司这一旧中国颇为有名的钢铁工业史料；三是从李维格当时参与的活动中有关人物的传记史料、诗文别集。

一年多来在这方面我也经历了一段艰难曲折的路程。首先是图书馆原有一个样本书库，近年已迁往城外校东区敬文图书馆，有些资料无复本，只能路远迢迢地到那边去查阅；二是查到了所需要的，有时也不能尽如人意。例如查到上海版有《汉冶萍公司》一书，只有第一、二册，缺第三册；该书分年排列，第二册的时间下限为1908年4月，正是李维格担任公司协理期间，则第三册肯定还有不少资料，惜乎多方搜求（本市、上海、南京、天津），无法看到。后来查明第三册未曾出版，于是只能在《辛亥革命前后》（《盛宣怀档案资料之一》）一书中拾遗补缺，聊胜于无。三是有些原件印刷质量差，文句上有疑误或明显刊误，译名方面也有不少和现在不统一之处，因此，我只能边收录、边校勘、边附注，有些还得依赖图书馆随时去找一些工具书来查证。

实践证明，有关李维格先生的资料，由此及彼，以“滚雪球式”而连续找到了若干相关联的书刊，是值得收辑而大有可为的。开始着手前，我从现有资料出发，认定可以分四个部分来收录，即传记资料、著译、他人致李的函电、涉及资料四类。到目前为止，可以说在面上的已查得差不多了。“多少事，从来急，天地转，光阴迫”，考虑到自己体力、精力情况，如果再由此深入下去，正不知伊于胡底。为了免致延期，旷日持久，有负李氏贤后嗣的嘱托，征得张师同意，只能告一段落，以待来者。

本资料经李氏贤昆仲鼎力协助，屡次提供线索，主要还是在张师梦白的关心指导和支持策励下而搜辑的，稿成之后，又经张师细心地审阅校订而完稿。如前所述，我只是认为义不容辞，尽了我一些应尽的责任。张师年届耄耋，虽退休多年，尚然为教学、科研，为东吴校友会联络交往事东奔西走，为促进海峡两岸和平统一的事业孜孜不倦，他经常在办公室默默地埋头苦干的奉献精神，极大地鼓舞鞭策着我。如果说这份资料集将来能发挥一些社会效益的话，完全和他们的支持（包括我校图书馆领导），特别是张师无声的教育分不开的。

瞿冕良

1994 年 11 月 6 日

# 关于李维格先生资料的收辑

# 1. 传记类

## 李君家传

陈三立[1]

君姓李氏，讳维格，字一琴，江苏吴县人。幼岐嶷有殊识，从父读书上海，薄贴括不足为，闻西人所为学，窃慕效之，遂肄业于西人所设校，既通晓其国语言文字，益浩然有求学异国之志。困于无赀，父母怜而壮之，质贷行千金，资之行。既抵英吉利，所币耗过半矣。居久之，费不时至，不得竟所学，留驻英参赞李公伯行邸，习法兰西文，未几从许[2] 公竹赏归。后复从崔[3]公惠人使美，李公伯行、汪公

① 陈三立系湖南巡抚陈宝箴之子。

② 许景澄(1845—1900)字竹筠，浙江嘉兴人，同治进士。曾任法、德、奥、比、意、荷、俄等国公使，精通中国西北边疆地理。八国联军进犯大沽，与袁昶反对围攻外国驻华使馆的排外宣战。1900 年 7 月被弹劾处死。有《许文肃公遗稿》、《帕米尔图说》、《出使函稿》等。

③ 崔惠人，待考。按光绪十五至十九年(1889—1893)任驻美公使为崔国因，疑即其人，崔原为翰林院侍讲，二品顶戴。顷查钱宝甫《清季新设职官年表》(1961 年中华书局版)“崔国因，字惠人，安徽太平人。同治十年庶吉士，光绪十五年以翰林院侍读任出使美、西、秘大臣，光绪十八年召回。”

芝房使日，所至辄求其国政教术业。甲午，中日战起，归，与新会梁启超、钱唐汪康年著论言变法，名益噪。南皮张文襄督鄂，先侍郎抚湘，皆礼罗君为教授，戊戌，君复还上海，为制造局提调，兼南洋公学教授，时主南洋公学者，毗陵盛尚书宣怀也。先是文襄为粤督，购冶铁机炉于英吉利，未至而移鄂；继之者以粤不产铁，却不受，而鄂之大冶故产铁，尚书封翁官鄂时，勘而有之。至是以白文襄，文襄则大嘉，移机炉汉阳，置冶铁厂，奏以尚书督其事①；又求得萍乡煤，煤铁交富，舟车运输不绝，规模大具矣。而所炼钢终不足与外竞。尚书既得君以为才，请以君为会办，君一再辞不获，则挟西人之为工程师者二人，载铁与煤及所炼诸品物走英吉利，求所谓专家者，与考验利弊良窳，则前所置机炉陈腐固陋，且与所产铁质性不类，故用力勤而成功仅，因别购冶铁炼钢机炉以归。橐钥具新，鼓舞用神，出冶倍增，锻烹精纯，东西士夫见者威叹骇，以为中国有人矣。君又言于尚书，合厂矿为一而公其利于商，於是汉冶萍公司之名闻中外。君治冶炼既有效，则益发愤为远大计，然所规划或用或不用。辛亥国变起，武汉骚然，百业停罢。事定，君复被举为总理，经营岁余，复故观。又辟新厂大冶广求煤铁锰石诸矿于邻省及旁近郡邑，不懈益勤。先后成安徽宝兴铁矿、湖南裕甡锰矿诸公司，而汉口扬子机

① 据郑观应年谱简编：1896（光绪二十二年四月十二日）年5月24日，汉阳铁厂改归商办，由盛宣怀任督办，郑观应任总办。1897年1月初，郑观应再一次要求调离汉阳铁厂，向盛宣怀陈《管见十二条》，对铁厂、铁路等事，提出建议，并荐施肇甄以自代，荐盛我彭、李一琴等相助为理。

器制造公司亦君所手创。君体故羸，又积劳瘁致疾，谢归养疴上海。生平淡荣利，寡嗜欲，不问生产，治事数十年，惟上海屋数所，晚岁取赁值自给而已。卒年六十三。卒前数日，以所置产三之一。输之东吴大学，资学子之贫乏者。盖不忘徽时求学之艰也。配腾淑人，前卒；继配陈淑人。于中庸、中道，能以学行继君志。腾淑人出：中和，陈淑人出。

陈三立曰：吾闻武汉首难，自大吏而下，禽骇兽跳，君独留不行。或讽之，君："萍煤数百艘，劳力数千人，待资输遣，委而去且大乱，顾安所得资耶？"一日，门者入刺，则素不识之西人者也，既握手，遽曰："君适有所需乎！请以十万金贷君，君第署名纸尾，无为质也。"君讶其无因，则曰："吾友言李君中国奇士，识一李君，贤百王公，是以来也。"相与为笑。当是时，徽君几殆，自君去，所谓汉冶萍者，遂摧败不振矣。岂非人哉！岂非人哉！

（见《李一琴先生家传》藏于家）

# 一琴先生象赞

## 李宣龚①

郎官大别　障江跨障　公处其中　矿冶是治
脉络辐凑　舟车交驰　地力之尽　公实导师
间历险阻　中外弗疑　脱岁耐寂　冥搜沉思
教泽所被　桃李成蹊　恒翰淹化　天不憖遗

李宣龚敬题

（见《李一琴先生家传》藏于家）

① 李宣龚（1876—1949后）字拔可，福建闽县（今福州市）人，有《硕果亭诗》二卷《诗续》三卷刊行。

# 李先生一琴行谊述略

杨永清[1]

李先生一琴，讳维格，江苏吴县人。其先世赍苦寒，幼从父读海上，酷慕西学，不屑为帖括，既而负笈英吉利，费绝未得竟所学，志而归。嗣历从崔公惠人使美，李[2]公伯行、汪[3]公芝房使日，所至辄考察德国政教术业，曾著论言变法。南皮张文襄之洞督鄂，罗置幕中，使会办汉阳冶铁厂，顾所炼钢不足与外人争竞。先生乃挟工程师二人，载煤铁及钢走伦敦，访求专家考验利弊，乃知机炉已毁损，不可复用，因别购冶铁炼钢机炉归，页鼓铸锻烹精纯出冶倍增。先生又献议合厂矿为一，於是有汉冶萍公司之名。民国肇造，先生复被举为公司总经理，更先后创办安徽宝兴铁矿、湖南裕甡锰矿及汉口扬子机器制造公司等。先生体故羸弱，又因积劳致疾，遂谢归上海养痌，卒年六十三岁。先生晚年略有蓄积，见吾校规模宏远，成绩卓著，惟科学一门，犹是幼稚时代，思有以提倡之，爰将所置上海环龙路房产约三之一，捐赠吾校，为提倡科学基础，专以资

① 东吴大学校长(1927－1951)。

② 李公伯行，指李经方，李鸿章长子，字伯行。

③ 汪凤藻(1851－1918)字云章，号芝房，江苏元和人，1883 年中进士授编修，曾任驻俄使馆二等参赞，总理衙门募修官，出使日本国大臣，1894 年中日战争爆发后回国。1902 年任南洋公学总办，1909 年任京师大学堂格致科监督。

助学子之有志研究应用物理、应用化学及生物学，而家况贫乏之力有不逮者，盖不忘微时求学之艰难困厄也。仗义轻财，嘉惠髦士，推己及人，猗欤盛矣。谨略述其行谊，以志景慕。

（见1930年东吴大学学生出版《东吴年刊》第347页。藏张梦白教授家中。）

李维格　江苏吴县人，字绎琴、峄琴、一琴。1897年掌教湖南事[①]务学堂西学，1904年奉派出洋考查铁政。次年任汉阳铁厂总办。译有《政群源流考》。

（见陈玉堂编《中国近现代人物名号大辞典》浙江古籍出版社1993年版，第333页。）

李维格，字一琴，又作绎琴，江苏吴县人。生卒年不详。清监生。曾游学英国，通英、法两国文字。初官候选郎中，随使美国、日本，《时务报》刊行，充英文译事，未几，随梁启超赴长沙，任湖南时务学堂西文教习。戊戌政变后返沪，充江南制造局提调，兼南洋公学教授。后考求冶炼制造之学，投身实业，任汉阳铁厂会办。辛亥革命后，任汉冶

① 事务学堂，应作“时务学堂”

萍厂矿股份有限公司总理，未及一载而辞职。家居数年，憔悴困顿而死，卒年六十三。译有《政群源流考》等。

（见《汪康年师友手札》第四册，
上海古籍出版社 1989 年版，第 4033 页。）

李维格，字一琴，苏州人。原为候选郎中、西文翻译，后任汉阳铁厂会办，1905 年任该厂总办。1908 年汉冶萍煤铁厂矿总公司成立，任协理，兼铁厂总办。

（《辛亥革命前后》上海人民出版社 1979 年版，第 143 页。）

李维格　清末江苏吴县人。光绪二十三年(1897)任湖南时务学堂西学教习。三十年(1904)以候选郎中被盛宣怀奏派出洋考查铁政，采办机炉，选雇工师，以振兴汉阳铁厂。次年回国，任汉阳铁厂总办，接理厂务，锐意经营，生铁远销美国、日本及南洋各岛，钢轨亦行销国内。

（见《中国名人大词典·历史人物卷》
上海辞书出版社 1990 年版，第 258 页。）

# 2. 讲演、手稿、信札及公文类

## 康有为致李维格函
## （与峄琴学士书）

（一八九一年）

承以督学试事下询荀荛，俾书诸册。狂瞽之说，岂足以辱好问？然公虚下之怀，爱待之厚，不敢自隐其陋。农夫耕而君子食焉，愚者言而智者择焉，敢竭罣罣，以备采察。

夫学政之职有三：移风俗，铸贤才，正学术，其上者也；尊耆贤，表先哲，励诸生，从其化者，通经致用，袭其美者，文采风流，此中者也；若文学足通，诸生之为，奖拔不谬，才秀之选，循故事，蹈常科，此下者也。夫是三者，皆公所知，惟公所为耳。公将何择焉？

夫其上者，身非汤文正、方望溪、陆稼书诸先生，诚不易运。若中者，则有政可按，有迹可求，苟有志者，皆能为之。然今之乘轩车、操文柄者，求如下者寡矣。以公感激於世已深，讲阅于身已久，高格远量，岂屑为其下者哉？鄙人愿疏其中者。

表先哲有三：一曰立祠庙，二曰搜遗书，三曰奖贤裔。

夫古之立学，必重立师，所以昭示诸生，俾之师法。然天下贤哲甚多,岂胜师?故就其乡先生表彰之。夫耳目近则心志亲,遗事多则激发易,故古者祭社,虽有它国大贤,必舍之而用其乡人,义在此也。凡按一郡,其郡必有前贤,择其学术正大足法后生者祠之。夫郡郡而祠,焉从得多金哉?盖其祠不必新造也。临郡之始,即择守令教官之可与言者,委以择祠之事。凡郡必有淫祠,必有寺观;有淫祠则毁之,寺观则改之。若不欲毁其像也,大则酌留旁室以予之地,小则徒置它寺以合之,不过改一榜额,立一主,而祠成矣。既有祠矣,事能速办,则按试既毕,躬率众官诸生祭之。事不能速,则视其道府之人何如,可委之祭则委之,不能委则俟再临,或便道而祀焉。其祭祀之仪节,斟酌古今,其表彰之时文,镌刊木石,或授题诸生,使兴起其志,考求其事,而使者亦得以采择焉。所祠之人,或独祠之,或合祠之,或不能悉祠则为文以张之。或旧已有祠,加亭台,增碑榜以扬之,是祠事易为也。

搜遗书有三:访官师,试诸生,逮搢绅。既得则留而择览,后至则随时寄呈。其有佐世用、发义理、通经史者,交书局刻之。其次者,亦赋诗题墨发还。其贤哲忠烈之裔嗣,咸加访逮。通晓文词者,或进之学官,或拔之廪饩。否则移送书院,进见之,赐以文玩,加以奖励焉。风流既畅,耳目咸动。诸生人人咸有奋立,兴其希贤学古之心。

夫善教者必先使人兴,振举之而后能植,鼓舞之而后不倦,不自菲薄而后教乃可为也。郡无大小,人无学士、大夫、布衣诸生,千里之大,必有节行高峻、文学通深者。问教官，访诸生，必得之。人虽有高下，其为一府、一县之望，一也。使者借以风动诸生耳，岂计其高下哉？然亦不能无异。其有行高学正，著书有成，近在城邑，使者可就见之。若地还而学行稍次者，遣人以礼存问，而延之来见。其又次者，亦於官师及诸生前揄扬而叹美，或令诸生师法而就正焉。且夫学政承王命，权节乘轺，其势尊甚，能屈而访逮岩谷韦布之耆彦，则远近流播，所以励诸生而施风化者，岂浅少哉！后之人将有传焉。

若教之诸生而励之学行，其术抑多矣。大旨在标举一学而取是学之大师尊崇之，其命题也。亦偏重一类，专择一书，俾诸生有所向造而后得进焉。言乎其书，若马、班本源学问，《后汉》激励清节，《学案》明正学术，《通鉴》、《通考》、《通典》经世，《说文》、《文选》辨解文词，皆可偏择而尊重者，凡此所以教新学之诸生也。其有妙年美才，召见而奖励之，奖以笔墨碑刻之事。夫聪慧奇伟之人，不必须学之成也，其文章必有奇特之笔，其状貌必有英秀之姿，固不难察识也。昔顾燐察张江陵於十三龄，徐阶拔熊廷弼於十四岁，后皆蔚为名臣，以此识之也。其有高才异学，累冠数场，或别将一榜以扬之，或引置上坐，赐以碑刻，赐以联额。举之於长官搢绅之前，俾进可以立；播之於文告众同之地，俾退足以光；引之於署内，俾助著述，选刻本省掌故之事，则彼感恩知已，又可以助使者之不逮矣。

虽然此言问学耳，未足励诸生之品节也。凡所见教官诸生，皆可悉心访诸生之学行，问牛知马，以钩距之术行之。虽德怨不一，不尽当事实，然诸生之乡里节行，不啻居其邻而数之矣。既悉知之，然后辨其美恶，而加彰瘅；播之文告，以树风声。其有高行，虽文学未长，亦悬牌嘉美，与众称扬。其有劣行昭著者，小则以面警，大则黜革。诸生服其神明而畏於私室，其有不变於风雷而备其节行者寡矣。

它若经古命难重之题，可以得异才；典排取短炼之文，可以塞枪替。宽以待生童，严以防差役，此又其琐琐者矣。若夫耆旧学行之高者，举於剡章；乡闾孝义之著者，表其宅里；大黜陟教训之官，以正学本；广募设藏书之府，以启荒；皆在使者之变化而权衡之。

夫鄙人所言，皆人所易为，绝无难能惊世之事也。而近世督学者，肩望踵接，罕有闻者。间有一二事，已借蹈於人口，传为异事矣。饥渴者易养，穷困者易恩，方今学官不举之时，一人轩起而鼓励之，令名流风，芳馨无远。公第条著於册，视为日用饮食之事，条举而按行之。以公才明，不待黾勉，文化成而令闻宣矣。鄙人辱承相知，且委书之，故敢谒其瞽蒙，惟裁用焉。亦冀上续罗公，为吾乡光，鄙人与有荣也。现宰官身而不为，后日不知可复得否？时难再得，愿公勉之。

观风题目附呈。《训戒士子》一文，既为告示，传抄不远。仆窃谓昔者南皮尚书之《輶轩语》，近者王一梧祭酒之《告诸生说》，皆以一卷书代教告，此可仿为也，惟裁之。

（《康有为全集》第一册，上海古籍出版社 1987 年版，第 539～540 页）。）

# 致汪康年[1] 函

李维格

## 一

穰兄先生阁下：

前奉自九江所寄手书，读悉一切。日前又奉自沪惠涵，欣知公私如意，至以为慰。弟猥称同志，共唧时运，适承见招，实惬素愿。拟即函致杏荪观察，辞此一席，倘能摆脱，则十月初必可到沪。尊处系共扶大局之事，何敢计利。至沪后，拟另设一馆，亦素志也，招集生徒，倘每月能得束脩数十金，则报作薪水，断不敢独与人异。惟弟景况，公所素知，今年仲冬，又须安葬先人。设馆之前，尊处薪水可否从丰？至多以半年为期。高贤在前，何敢僭越，实为景况所迫耳。此半年内，尊处力能出到多少？切勿勉强。此间系每月百金。半年后即减至与同人一律。归去秣陵，抉谋兼一南洋事，倘成，则从丰之说尚可不必也。现在尊处每月

---

① 汪康年，字穰卿，曾入湖广总督张之洞幕府。积极参与维新变法运动，主持上海强学会，创办《时务报》。后授职内阁中书。辛亥革命爆发后，闻袁世凯再起，忧愤成疾，卒于天津。

入款多少？每月开销多少？每年已销报若干？每日须到馆办事几点钟？统乞示知，并请从速，拟奉复后再行函致杏荪观察也。大约十月初到此，到后恐不能摆脱。报资已收有八元，共六册，俟收齐即行彙寄。兹附上一条，请寄一份交芜湖关道署中。手复，敬请台安。弟格顿首。八月廿五。

## 二

穰兄先生阁下：

昨奉十月廿九日惠复，读悉种种。吾兄招弟译书，月送五十元，未识是长篇，是短篇？至短公能保我一年否？倘能，乞示一电如左，电费弟认。汉阳铁厂琴可。倘不能，毋庸贯，体用兼通，吾生无憾矣。尊处倘系长局，则以五十元作抵，另招集生徒，若能再兼一南洋电，函示可也。此间挽留期甚殷，而非弟所乐，久欲得一清静之地，读我经书，究彼格致，倘能道器一贯，体用兼通，吾生无憾矣。尊处倘长局，则以五十五作抵，另招集生徒，若能再兼南洋驻沪事，则百金一月亦可望也。并非为利，实因人口繁重，亏空甚钜，处境不得不然耳。匆匆奉复，敬请著安。弟格顿首。九月初六日。

## 三

穰兄先生阁下：

前日奉惠电，顷又奉惠书，费神之至。弟本拟即行销差回沪，乃同人皆竭力挽留，拟请盛公设一译书馆，略如上海制造局中者，请弟专译书籍，不杂他务。弟重韪其意，只得姑留以俟。倘盛公果能允其所请，则拟照前次惠书，兼译尊处之件，随译随寄，特未识兄意究以为何如？倘以为不便，请明示，万勿勉强为幸。然若盛公不允译书之请，则拟决然舍去，年内必到沪也。附上致郑君瀚生一函，内有要事与商，敬求饬人即为一送为感。其住处，张少塘兄知之。倘尊处译件要紧，弟即可动手，未识尊意拟译何书，乞示。手此，敬请台安。弟格顿首。九月二十日。

致郑陶翁函已交，当另有复信。

## 四

穰兄先生阁下：

二十日奉上一函，并致瀚生信，想已达到。顷读廿一日手示，敬悉。倘此间译书不成，同人已上禀，重韪其意，只得留待，决行回沪就尊处之事，断不再当舌人，大约出月当见分晓。弟亏空至二千余金，故不能不瞻顾，否则尊处五十元，弟乐为之也。执事既急欲译书，请即寄来，随译随寄何如？匆复，敬请台安。弟格顿首。八月廿八日。

又致瀚生一函，敬恳即为饬送。

## 五

穰兄先生密鉴：

奉到初五、十四日两次惠函，读悉种种。备承挚爱之处，心感非言可喻。尊处欲保全我族类，为此大声疾呼之举，仁心仁术，海内翕然。弟前之拟决然舍去而追随者，窃欲自附於贤豪之末也。乃此间二三子挽留甚力，为言於杏荪京卿，令弟专译各种炼钢、炼铁、炼焦等西书，不免难事。日前得信，已允如所请。陶齐并上条陈，就厂设一学堂，招生学习熔炼钢铁、制造机器。教习即以厂中所延工师充之，既有躬亲目验之功，又省教习束脩之费，其法实甚善。陶齐之意，倘学堂事成，须弟为筹书一切。有此两层，弟势不能恝然舍去，且此两层亦实於大局有益。承教办法，恐办不到。舌人一席，杏公已有其人，足徵盛意，揆之公义私情，弟实无可推辞。所以迟迟吾行者，要皆为亏空所累。此间薪水较丰，且可兼一别事，两三年内可望澡身浴德。(指债而言)，此不得已苦衷，公能谅我否？杏公至迟冬月杪可到鄂，倘事有变局，仍令弟当舌人，则决计就尊处一席也。译寄一说切勿勉强为幸，吾兄究以为何如？至应译何书，弟以为中国欲扩充商务，而无商务律例，有事何所适从。日本有《商律》译成英文者，谓宜译汉刊行，然尊处有译东文之人，可照原文译出，重译无谓也。此外，如农学及各国制度等书，另纸开上数种，以备采择。《日报章程》，陶翁已倩凤夔九翻译，大约已脱稿。承示有人欲延英文教习，意中殊无其人，倘能丰其束，或可代为物色。报十分已悉数分派，收到报资三分，俟收齐彙寄大约尚可分派数分，容问明奉闻。王峙云嘱转致伊之一分，请亦彙寄弟处。此后寄报请交江裕、江永带来。毅翁闻署江汉关道，即可回鄂。手此奉复，敬请著安。弟格顿首。十月廿二日。

此函请勿示人，付丙尤妥。

## 六

穰兄先生阁下：

二十二日奉上一函，想已达览。昨奉二十日手毕，敬悉。承询一节，於弟本极相宜，且得与公乐数晨夕，常领雅教，何幸如之。奈此间事大致已定，府主之意亦甚可感，似未便恝然舍去。现拟姑俟少翁出洋定局，再从长计议。弟恐不能来。或为公代荐一人何如？一面仍请尊处物色，以免误事。张卫之，未识其人。张石如并非香港书院出身，顷据友人言其会在港院读书，曾在上海中西书院读书，（或后至香港，亦未可知），教授初学，应可将任。尊报体裁之尊，议论之正，采择之精，撰述之富，断非各处日报之摭拾街谈巷议者所能望其项背，然忠言谠论篇幅不多。中国如醉人酣睡，大声疾呼之而不醒，不能痴守其傍，呼之无已。日后报料必须先行筹定。欧美诸钜报（旬报、月报）。非刊格致新法，即借重名人言论，如毕斯马克、毛奇论普法之战、格兰司吞论阿尔兰应自立议院、埃的生论电气、斯本煞论性理，用以哄动一时，先睹为快。尊处倘能如法炮制，必有效验。如前年军务，则关外诸将帅论前敌情形。前出使大臣论其所使之国情形，吴清卿论说降韩边威，前驻藏大臣论藏中风俗，以此类推。诚知诸君子此举绝非为牟利起见,然非报能自养,恐难於持久耳。愚昧之见,未识高明以为何如?匆匆布复,容再缕详。敬请撰安。弟格顿首。十月晦日。

## 七

穰兄先生阁下:

十月廿八、冬月十四、廿九三次惠函均收到,徒以丛脞万状,迄未一一裁答,歉悚讵笔可陈。公之爱我至矣,惜迫於搅,不能不有所赡愿。此间厂薪白金外,尚可另兼别事,三年馆够,约可扫清宿逋,不必再仰他人鼻息,彼时尊处不给薪水,亦乐於从事也。前日晤伯纯,闻梁卓如孝廉明年随使出洋,果然,则尊处失一巨擘,不知替人为谁?蔡毅翁忽得中风之病,手足麻木,医云二十余日方能起床。甫得署缺,即婴痼疾,代为扼腕之至。报十一分,(此间十分,芜湖一分)。尚祇收得五分报资,此间四分,芜湖一分,适为弟用去,请代垫付帐,俟收齐一并寄上。其余六分倘再迟不交,即作四元半算可也。匆匆手布,不尽缕缕。弟拟於正月乞假回沪,一切容晤。敬请箸安。弟格顿首。腊月廿一日。

## 八

穰兄先生阁下:

浩吾到,奉腊月廿日手书,备悉近况,颇代踌躇,本拟即复一函，以年事催人，遂稽裁答，歉悚万状。谆谆之意，感不可言。惟弟即能来沪，此间之事一时断难恝然舍去。近经手事件甚多，替人亦难其选。总之，能来与否，必须俟杏翁到此，月内可到，方能决定。既尊处之事急不待缓，拟代函致新会伍昭扆名光建，询其能否就尊处一席？昭扆中西学问远胜鄙人，现当天津水师学堂教习，月薪百金，倘渠能来，可谓人地相宜。日前晤浩吾，知卓如可望挽回，殊代欣慰。卓如系首创之人，揆诸情理，不应他去。倘卓如不去，尊处大局尚不致摇动，译人弟以为犹其次者也。弟有要事，急欲至沪一走，倘能如愿，可与兄面罄一切，何快如之。灯下匆泐，不尽缕缕，敬请撰安。弟格顿首。正月初九夜。

## 九

穰兄先生阁下：

昨日送来译件，略一披阅，似无当意者，今晚阅定，明晨送上。鄙意登报招考，必无好手来应，还宜托人物色为是。弟昨得杏翁电，促即赴鄂，拟明晚附江裕去。兹有恳者，杏翁不在此，无处支款，拟恳执事向熟识庄家代挪规银百两，利息照市，弟到鄂后，一两月内，即行将本利寄缴，未识左右能为力否？倘有丝毫不便之处，请勿勉强。可否乞即示知为感。手此奉恳，敬请箸安。弟格顿首。初十日。

## 十

昨晚回寓已迟,故尊示不及奉答。承允所请,心感无似,当赶於四月内奉缴必无误。译稿无一稍能通顺者,可笑者居多,不但不能译书,并且不能为初学教习。登报招考必无好者,鄙意万航渡学堂中,头班学生或有可用之人,尊处盍不商诸该堂?兄欲面谈学堂事,未识台从今日何时在馆?弟当踵访。手此,敬请箸安。弟格顿言。十一日。

假款请即交来人带下为感。附上译稿。

## 十一

穰兄先生阁下:

别后十五日抵此。濒行承二公钱,谢谢。竹箱两个交翟君取去。昨日杏老托人来说,欲派弟为帮办总稽核,弟已力辞,拟即决然舍去。惟尊处一席,虽雅意谆挚,然当开办之初,经费不甚充足,弟一人每月得馆焆百金,似乎过重。弟有通融办理一法,未识尊意以为何如?尊处旬出一报,事无日报之繁重。弟拟在苏设馆,兼办尊处之事,平日尽可函件来往。倘有要事面商,弟可到沪,好在苏、沪近在咫尺,朝发夕至,如此办理,馆焆可以减轻。请与卓如先生一商,示复为盼。弟更有请者,屡次见招,皆兄一人具名,似近於私。尊处系公举之局,可否请商首创诸公。去年惠函，亦有商诸公度先生之语。倘众意佥同，乞赐一公函。或诸公踪迹南北相阔，馆事向由吾兄一人主政，则请兄商诸卓如先生。倘渠意谓然，请二公出名，赐一公函亦可。鄙意不过欲明弟系馆中所招，非兄私延之人耳。高见如何，立候惠复。手此，敬请箸安。弟格顿言。三月廿四日。

惠函请寄汉阳铁厂花园东边洋房内李一琴。

## 十二

穰兄先生阁下：

昨日奉布一函，想已达到。弟此间事，出月当可脱身，现正料理经手之事，拟月初乞假，望前后当可到馆也。知念特闻。前嘱带报两箱，到镇江时，关吏欲开看，弟设词得免。此后不宜再托人带。匆匆手布，统俟晤专罄。敬请台安。弟格顿首。三月廿七日。

## 十三

穰兄先生阁下：

前奉上月廿一日手书，因事冗未能裁答，歉然。嗣又奉到阁下与卓如先生公函，展读之余，至以为感。弟数日前曾奉一电云："暂不能来，函详"数字，想即达到。其所以不能即来之故，缘铁厂新设总稽核处，府主欲派弟襄赞其事。弟初作函力辞，词意甚决。府主因之大发牢骚。且承乏总稽核正席者，又系弟之至好，再三恳留，不得已，只得允其暂留帮忙，秋以为期。讵顷间忽闻有以退为进之说，弟又不能不急去以明心迹，拟即束装东下，以践尊约，大约月尽当可与诸公共剪西窗之烛也。手此奉布，敬请撰安。弟格顿首。四月十三日。

## 十四

穰卿、卓如仁兄大人阁下：

奉到台函，辱承见招，心感无似。日前曾奉一电，谓暂不能来。现在此间已可脱身，拟即束装东下，朝夕承教。所有惠示一切，统俟趋前妥商。手复，敬请均安，统希朗照不一。愚弟李维格顿首。四月十三。

## 十五

瀚生云：译《美国国制》一书，不同寻常，字句之间颇费斟酌，不能限以字数，能多则多。拟每译一万字送洋卅五元，另加誊清费三元。倘尊意谓可，瀚生要兄作一函与之，即可动手。托定十二轮舱，未识已承代定否？穰兄。格顿首。初六。

## 十六

穰兄先生左右：

前日匆匆作别，未及竟谭奉托之事。兹将王峙云兄上毅若观察书缄上，乞上呈，并请於晤毅公时一为说项。峙云人极稳练，且绰有干才，为友朋中所不可多得，深佩公度观察之经济学问，故乐为之用。倘公度去南就北，峙云拟随之北上，并乞於晤公度时，亦为一提。毅翁是否俟香帅同回湖北？抑或先行？乞便中一问告我为荷。琐事渎神，不安之至。台从何日返沪？并乞示及。弟有致毅翁函两封，未识收到与否？亦恳一问。手此，敬颂台安，弟格顿首。新正初七日。

## 十七

穰兄先生左右：

相聚仅数月，即又分手，实非弟之初心，想公当能谅之。承挚爱无微不至，感不能去。别后十一到汉，十三见南皮，坚约来湘一月即返鄂，卓如十二到，同候轮至十七，始自鄂启行，二十到湘。月内本可开学，而右帅考武不得暇，须迟至月初矣。沅帆奉其母夫人返宝庆，亦须月初回省。胡商合同闻月内即拟书押。敬诒先生何日到沪？弟由镇江寄一译稿想达到。《日本商律》当赶译寄上。年底弟尚拟回里；不知做得到否？耳闻德人据胶州，东抚拟决一战，信否？匆匆先布。余俟续详，敬请台安。弟格顿言。十月廿八。（十一月十七到）

仲谷先生处乞致声道候，恕不另。

## 十八

颂焆我兄执事：

弟十五到苏，拟二十四五回沪赴湘。公度先生处有一西字报，华名似系《益新西报》。度老云，并未定阅，而该报馆辄送尊处，嘱弟代为回绝，并付以前报费。（似系十二元一年）。在沪时因病未曾致函回绝，今特作一西函附上，乞公饬人持送。倘其来收报费，并乞代付，晤时奉缴。匆泐奉恳，敬请台安。弟格顿首。廿。（元月廿二到）

## 十九

穰兄如晤：

阿炳送船各信皆收到，一切照办。船出吴淞口时，见海圻在口内，萨鼎铭想必在申，弟今日中午到烟台，明日坐怡和连升船至秦王岛，然后再坐车入都。匆此，敬请台安。同人均此。弟格顿首。二十日。（庚正月廿四收）

## 二十

穰卿吾兄：

奉初一惠函，并新闻数则，一一读悉。令弟及容君函当即分送，新闻亦已封交令弟矣。兄冲寒北上，兴居何如？以兄咳呛论，似宜暖不宜冷，冬令严寒，反弃南就北，於尊体似不甚宜。承示川粤汉路款事，鄙意亦觉终必外借，不过稍有波折耳。此间厂事危险已过，年内外可作一结束，届时弟有一篇文章要做，空议论无益也。兄如南旋，尚祈过我。旧雨飘零，每与兄晤，辄缅怀前踪，追念故友，不胜今昔之感，想兄必有同情。都中如有要闻，望指示为幸。手泐奉复，不尽一一，惟希保练。弟维格顿首。冬月初十。（十四到）

## 二十一

穰卿吾兄：

岁杪奉惠书，读悉一一，以年事冗难，致稽作答为欢。新春想践履吉羊，颂颂。锦爱路锡清帅调苏堪督办，然英国骑墙，日、俄干预，必多波折。粤汉亦悬而不断，又加国会等等，不知闹到如何地步。所最可虑者，财政更不知如何过去。杞人之忧，曷其有极。兄今春南旋否？弟因厂事，十五赴沪，约有三星期之勾留，如兄亦归，当可畅叙数日。弟沪寓在四川路四十五号敝厂批发所，二月望前当可回汉也。手复，叩请春安。弟维格顿首。新正十二。（庚戌正月廿三到）

## 二十二

穰卿吾兄：

在沪奉书，以事冗未复，回汉又奉惠函，藉悉一一。来示所谓衰残，想系泛言体弱，不知近来兴居何如？至为驰念。承示新闻数则，藉知近日时事，如有要闻，尚祈见示，俾稍知都中情状也。甲午以后，吾国渐有兴论，实报章风行所致。是报章之责。今日欲引邪归正，亦惟报章是恃。所望京、津、沪、粤之素负时誉者，怆念家国之垂危，翻然一变其随波逐流、人云亦云之言论，以救亡泯乱。然非国家有以资助不可，不知伯唐令兄能与枢要一密商否？外、邮、度及各省均应出资也。总之，若不先将兴论救正，则大乱将至，尚有何事可办耶？弟向来慎言谨行，不愿议论时事，空言无补。今以事机紧迫，吾兄於报界向本密切，而伯唐令兄又位居津要，对於政府有可言之机会，故破格一言之，以备采择，惟请秘之。敝厂近与美国大钢厂订一七年半至十五年合同，每年由敝厂售与所炼之生铁自三万六千吨至十万吨。敝厂有此大宗生意，可放手大做矣。国际联盟不如以实业相联，此所以弟视此举为生平得意之着也。手布，敬请台安。弟格顿首。三月底久欲作函，卒卒无暇，稽迟甚歉。(四月初六日)

(见《汪康年师友书札》，上海古籍出版社 1986 年版。)

# 论译书宜除四病

## ——在南学会第五次大会上的讲演

李 维 格

今日本来听讲，而二三子督令一抒所见，不获辞，姑举所知一二，以质在坐诸君。自甲午一创之后，各省皆添设学堂，讲求西学，大抵皆由西国语言文字入手。盖以语言文字，为西学门径，欲升堂入室，非识其门径不可，是颠扑不破之办法也。然学堂限于额数，每一处仅容数十人，或多至百数十人而已。有志西学者，往往向隅，且举通国有志之士，而尽学彼族语言文字，不特势所不能，而收效亦甚迟。盖语言文字，非数年不为功。然则奈何，曰惟有大举译书而已。

各处译成之书，约有数百种，嘉惠士林，颇非浅鲜。然鄙意犹有不足者，盖以中国译书，向犯数病，请为诸君言之。

中国译书，大都西人口译，华人笔述。惟西操华语，既难辞达，而笔述者于所译之书，又素未究心，欲其钩深探赜。曲畅旁通，难矣。一病也。

西学分门别类，断非一人所能尽通。而谓延一西士，即无书不可翻译，是不思之甚也。闻西士某君，初译书时，有问其公母螺丝之理，彼茫然不知所对。粗浅尚然，遑论精微。二病也。

上海制造局、北京同文馆，及私家所译之书，皆各不相谋，有一地一人而译数音者，一字而译数义、一物而译数名者。混杂淆乱，读者不知所从。三病也。

各处译书，皆无董理之人，为之考订，何者为缓？何者为急？分门别类，循序渐近；而今日译此，明日译彼，挂一漏万，无一定宗旨。四病也。

今宜设一总译书局于上海。每译一专精之西学，即延一专精之西人，以备问难析疑。此外再延畅晓中西文理者若干人、博通中学者又若干人，由畅晓中西文理之人翻译，遇有疑难之处，即就专精之西人讲解，务使融会贯通，毫无隔阂。译稿既脱，则属诸博通中学者商订之。而于设局之前，禀请明降谕旨，凡局中译成之书，皆作为官本，以后各处译书，一切音义，必须取为准绳，不得再有参差。夫然后而译书可恃。讲求格致之学，不必借径于西国语言文字矣。

特延聘西人，薪水太钜，且专备析疑问难，事亦甚简，似可无须专聘。现上海拟设南洋大学堂，尽可令学堂教习兼顾，费省而事易集。诚能如此办理，数年之间，西学尽为我有。于是国家专科取士，专途用人，富强之道，其在斯乎！呜呼，购一铁舰，动逾百十万金，而徒以资敌；今略大举译书，充其量所费至多数十万金，而曰钜款难筹，诸君其谓之何？

（《湘报类纂》乙集上第 12 至 13 页。）

# 汉厂洋工师、洋匠名单

[光绪二十二年十二月十八日(1897.1.20)汉阳张赞宸致盛宣怀、郑官应函附件“一琴所开全厂洋人名单”]谨将厂中现存洋工师及洋匠花名列呈钧鉴。

都板(铁货厂轧匠)　查化尼(熟铁匠)　化淡梅(熟铁匠)、简德持(熟铁匠)

以上四名系于九十六年十二月二十六日到期,西历本月即领资回国。

卢柏(化铁工师)　雷考习奇(化学匠)

以上两名系于九十七年二月初一日到期。卢拟订留。雷已知照不留。

波律(轧轨匠)　卫根(轧轨匠)

以上两名系于九十七年三月十五日到期。

连斯(化铁匠目)　嘉兰德治(铁货厂轧匠)　查美伦(马丁匠)

以上三名系于九十七年四月初一日到期。连斯已知照不留。

拉夫(马丁匠目)　格耳昔纳司(马丁匠)

以上两名系于九十八年五月初一日到期。

马克德(洋文案)

以上一名系于九十八年九月十五日到期。

威德(机器匠目)

以上一名系于九十六年十二月十五日到期,去留未定。

司毛(化学匠)

以上一名系于九十七年正月初一日到期,拟留。

阿林伯路(熟铁匠目)

以上一名系于九十七年四月十二日到期。

卜聂(钢厂工师)　林毛纳(见厂匠)　门司大(贝厂化铁匠)　马太(贝厂匠)

以上四名系于九十七年五月初一日到期。

哀敷郎子(化铁匠目)

以上一名系于九十七年七月初一日到期。

蒲尼(熟铁匠目)

以上一名系于九十七年九月初一日到期。

古巴司(医生)

以上一名系于九十七年九月二十六日到期。

德培(洋总监工)

以上一名系于九十八年三月十日到期。

(《汉冶萍公司》第一册,
上海人民出版社 1984 年版,第 362—363 页。)

# 拟设汉阳钢铁厂学堂章程

李　维　格

［光绪二十三年二月二十四日（1897 年 3 月 26 日）　上海］

谨将拟设汉阳钢铁厂学堂章程，开呈宪鉴。

计开：

一、设立学堂四所，一曰化算学堂，一曰炼铁学堂，一曰炼钢学堂，一曰机器学堂。

一、派监学一人，总理学堂一切事务，副监学一人，帮同办理。监学必须学兼中西，明体达用之人充之。副监学必须精神充足，安详稳炼之人充之。

一、化算学堂延订教习一人，专教化学、算学，兼管理厂中化学房。

一、炼铁学堂教习，即以厂中炼铁工师充之。

一、炼钢学堂教习，即以厂中炼钢工师充之。

一、机器学堂教习，即以厂中重学机器工师充之。

一、考选西文精通、算学粗解之学生三十名，学习炼铁十名，学习炼钢十名，学习机器十名。年纪以十四岁至二十岁为度。

一、考取后，须父兄亲属具结，学成在厂办事十年，薪水照给，倘未满年限自去，追还自到厂至出厂日一切培植之费。如行为不端，随时斥革，并布告各处厂家。

一、炼铁、炼钢皆肇端于化、算两学，机器虽不借经化学，然能兼习，亦足以互相发明。算学尤为机器之本，拟将钢、铁、机器三学堂学生，分班学习化学、算学。

一、延订汉教习三人，一明于经，一熟于史，一谙于国朝掌故。

一、就厂中隙地，建造学堂。

一、学堂内设书楼一所，购置学堂应用书籍。

一、学堂内设化学房一所，购置各种应用器具。

化算学堂功课。

一、午前九点钟起，十点半钟止，钢、铁、机器三学堂学生，齐集化算学堂，由教习指授算学。

一、午后一点钟起，两点半钟止，又齐习学堂，由教习指授化学。

炼铁学堂功课

一、午前十点半钟起，十二点钟止，炼铁学生十名，齐集学堂，由教习指授炼铁。

一、午后两点半钟起，四点钟止，又齐集化铁炉，以资习练。

炼钢学堂功课。

一、午前十点半钟起，十二点钟止，炼钢学生十名，齐集学堂，由教习指授炼钢。

一、午后两点半钟起，四点钟止，又齐集钢厂，以资习练。

机器学堂功课。

一、午前十点半钟起，十二点钟止，机器学生十名，齐集学堂，由教习指授机器。

一、午后两点半钟起，四点钟止，又齐集机器厂，以资习练。

汉文学堂功课。

一、学生三十名，分为三班，经、史、掌故分为三日。如某日某班应读经书，则齐集经书学堂；应讲史鉴，则齐集史鉴学堂；应考掌故，则齐集掌故学堂。

一、每晚七点钟至八点半钟，学生齐习学堂，轮日、轮班讲读经、史、掌故。

一、每逢西人礼拜六、日，由教习出题作论。

学堂条规。

一、学生每晨七点钟起，每夜十点钟睡。七点钟至八点钟，盥梳晨餐。八点钟至九点钟齐集学堂，温习上日功课，由汉教习一人监视。十二点钟至一点钟，由教习一人率领，在食堂午餐。四点钟至五点半钟，由汉教习一人率领在厂之左近散步。六点钟由汉教习一人率领在食堂晚餐。

一、西人礼拜日，午前八点钟至九点钟，齐集学堂，听汉教习讲先贤格言一篇，散后剃发沐浴。午后由汉教习一人率领，在厂之左近散步。

一、家有要事，非父兄亲自到堂，或亲笔作函请假不可，准假与否，及准假几久，由监学一人作主。

一、每月奖赏，视功课之分数以定名次。

一、实在不可造就者，随时撤去另补。

一、犯大过者，如酗酒、赌博、夜间潜行出外游荡等类，一经查出，立即斥退。犯小过者，如在堂唱曲，背看邪书，私自出外等类，一经查出，即记过一次，犯至三次者，立即斥退。

一、患病不能到堂，必须禀明副监学，由副监学验视。确系有病，然后知会教习。

一、凡患病，由堂延医诊视。

一、学堂有斋夫伺应，不准带仆。

一、有奖赏而无膏火，除衣服、鞋袜、被外，纸、墨、笔、砚、书籍、火食、灯油，皆由堂备，剃头洗衣，皆由堂给。

一、晨起、晚睡、入学、散学、晚餐，皆以铃响为号，务须整齐肃穆，不准参差喧哗。临睡必须一律息灯。

开办经费。

一、建造学堂，约需银五千两。

一、购置书籍、化学器皿及铺陈一切，约需银五千两。

约共需银一万两。

常川经费。

一、洋教习皆系厂中应请者，其薪水兹不计入。

一、监学一人，每月薪水银一百两。

一、副监学一人，每月薪水银五十两。

一、汉教习三人，每月薪水银各三十两，共九十两。

一、收支一人，每月薪水银二十两。

一、司事一人，每月薪水银十五两。

一、学生每月奖赏约银六十两。

一、膳费，每月约银一百两。

一、纸、墨、笔、砚，每月约银十五两。

一、学生剃发、洗衣，每月约银十五两。

一、斋夫、杂役、灯油、炭火，每月约银五十两。

每月共约需银五百一十五两。

《汉冶萍公司》第一册，

上海人民出版社 1984 年版，第 453—457 页。

又：五年以后，汉阳钢铁厂再拟立学堂一所，“专为造就匠目而设”，重订《汉阳钢铁学堂章程》，虽无此章程条文之详细而具体，但主要措施及内容略相仿。时李维格已任铁厂总办，此新章程疑亦李氏所拟。以未有注明，故不录。

# 湖北汉阳铁厂、江西萍乡煤矿之缘起

李 维 格

［光绪三十一年三月上旬(1905 年 4 月上旬)上海］

当今之世,非钢铁不足以立国。铁路、师船、商轮、枪炮、桥梁(西国桥梁,钢者居多,而铁路桥梁,则非钢不可)、屋舍(西国城市繁盛,尺地寸金,建楼有高至二十余层者,非用钢铁材料不可,沪上洋房亦已踵效)及一切机器制造实业,无一不以钢铁为根本。

武进①盛宫保于光绪初元,延英矿师郭师敦勘得大冶铁矿,化验铁质极佳,遂购买其地。迄十五年,有开办铁路之议,值南皮②张宫保移督两湖,乃具说贴请建大冶铁厂。张公以武汉相犄角,遂于汉阳北郊大别山麓之下,设立钢铁官厂,左抱汉水,右滨大江,破土于光绪十六年,竣工于十九年。筑大冶县铁山铁路五十二里以运矿石,开采鄂境煤矿三、四处,前后用款五百六十余万,公与③蔡观察锡勇坚苦卓绝,得观厥成。惟冶铁以焦炭为命脉,而鄂境所产之煤不合炼焦,其故由于含蓄硫磺太多,于是远购西洋及开平之炭济用而成本重矣。不得已兼用江夏县马鞍山煤

① 盛宫保,指盛宣怀。
② 张宫保,指张之洞。
③ 蔡观察锡勇,见前"毅翁"条注。

矿所炼磺重之炭，而钢铁质地不合于用。且创办之初一无阅历，冶炼理法亦未得其要领，以致销路未通，财力已竭。至二十二年，难再支持，遂有招商接办之议。盛宫保其时督办轮、电两局，顾念铁政关系中国富强大计，不辞艰巨，力任其难，即于是年筹款接办。惟深鉴于鄂煤之质劣，不合冶炼，采访四出，及于萍乡，该县属于赣省之袁州府，而与湘省醴陵县相毗连，城外安源乡所产之煤，炼焦甚佳。铁政官局本已派员采运，然土人浅入煤层即止，不知其为绝大蕴藏。迨后派矿师测勘，始知可供数百年取用之美产。盛公接办汉厂之后，即派张[1] 观察赞宸带同德国矿师前往复勘无疑，遂用西法大举采炼。而腹地风气闭塞，道路阻滞，开办以来，在事者备历艰险，加以款项之奇窘，谣诼之纷起，七八年间，在在均是危境，又值庚子拳匪之乱，全国震动，矿工聚无数蠢悍之客民、土著，廪储豕突，洋矿师等屡濒于危，而盛公主持于上，张观察坚忍于下，卒于荆棘之中，辟一极新局面，窿内轨路电车宛如城市，窿外炼焦炉、洗煤楼、机器厂、火砖窑粲然具备。又筑自萍乡之湘潭县之株州铁路一百九十四里，直达湘江，造浅水轮驳十余艘，接运至汉铁厂，炼焦藉以无缺，而遂得供给卢汉铁路之钢轨等件，塞去一大漏卮。特是竭扑从事，款项支绌，不能早添机炉多出繁货。而萍矿销焦不多，亦因之坐困，以致厂矿两处出货少而成本重，亏累甚巨，心力交瘁。此汉阳铁厂、萍乡煤矿自创始至今之久略情形也。

---

① 张观察赞宸，张赞宸字绍甄，曾任汉阳铁厂总稽核兼提调。

据总矿师赖伦测勘,大冶浮面可采之铁石约计一百兆吨。年采一兆吨,可供一百年之用。萍乡平巷浅井可得之煤,约计五百兆吨。年采一兆吨,可供五百年之用。英、德各矿师之复勘者所报称是。案环球钢铁之国,以英为旧家,而美、德两国急起直追,新理新法,时有所闻。美已远超乎英国之上,一千九百二年,出铁至一千六百兆吨,英八百余兆吨,德七百余兆吨(英国钢铁会调查之数)。前美人之欲得萍矿,此人之请租汉厂(原议县在),其足怪乎。惟西国大创大作,必集众人之力以举之,前路后起,用能克底于成。今中国如此巨业,而仅恃一、二贤公卿当之,其不能发达,亦势使然也。因节次其缘起而连类及之以备考证焉。

候选郎中李维格呈

(《汉冶萍公司》第二册第 485—486 页。)

# 新公司接办汉阳铁厂之预算

李 维 格

[光绪三十一年三月上旬(1905年4月上旬)]

查自光绪十六年开办至二十二年招商接替,公家共用官款银五百六十余万两。除所开鄂境煤矿均无成效外,现存汉阳铁厂生铁厂一所,熟铁厂一所,铁货厂一所,马丁厂一所,贝色麻钢厂一所,钢轨厂一所,机器、翻砂、锅炉、打铁、钩钉、打铜、火砖厂七所。大冶铁山铁路五十二里,轮船两号,西式位房数座及栈房等等。此官款所存之大略情形也。

二十二年商人接替后,至三十一年三月止,共用银五百四十三万余两。内除轮电局商人股分约五十万两外,其余均系挪借之款,现存添置机器、房屋、各项钢铁、煤焦、杂料、矿石,各户欠交货款及接办时所交官款,约可抵银三百四十三万两,亏折约二百万两,一因生铁炉用焦太多二因炼钢炉出钢不多,难造钢板,三因铁路未成,煤焦价贵,四因股本太少,欠款利息过重。坐此四病,愈久愈亏。此商款存欠两抵后亏折之大略情形也。

官商交接时奏明:商厂出生铁一吨,捐银一两,以抵还官厂所用三百六十余万两之款。故新公司接办,于官款只须接认铁捐,而于商款,则须接认二百万之亏折。此新公司与官商款项交涉之大略情形也。

日本产铁不佳,其国家铁厂名日铸铁所者,订购大冶矿石。前年盛宫保与日本兴业银行订立合同,借日本金元三百万元,即以所售矿石之价归还借款本利,年售至少七万吨,至多十万吨,以三十年为期,每吨头等日金三元,二等二元四角,大冶江边交货,而即以此借款添设新厂,补救前失。成议后,即派员出洋订购机器、炉座,造雇洋工师。现已购定机、炉,夏令即可陆续运毕,新厂基脚亦已动工,约明年秋冬,应可竣工。此项机、炉运保到汉,约需英金十六七万镑,合日金一百六七十万元,工程师已雇定陆续来华。此订借日款添设新厂之大略情形也。

日矿三百万日元内,已归还汉厂先借日商款二十万两,约合日洋二十六万元,又归还萍矿借款一百万,又萍洙铁路购办车头、车辆,并萍矿煤砖、机器等运保到汉约三十余万。目前可作新厂用者,约一百四十万元,合英金十四万镑。此支用日款三百万之大略情形也。

已完新机、炉约英金十六万余镑,除有日款十四万余镑外,约尚需二万余镑,作银二十万两;地脚装配工程,作银二十五万两;添大生铁炉一座,作银六十万两;钢炉两座,作银十二万两;改良旧机炉,作银十万两;添造木驳数号,作银三万两,共约需银一百三十万两。常存钢铁搁货、煤焦、矿石、杂料,约需银一百二十万两。又,添购二三千吨轮船一艘,并就上海浦东水深处,建筑码头一座、栈房一所,约需银五十万两以上。新厂共须添现银三百万两。

至商厂旧欠，除股分外，实欠四百九十余万，应以旧存钢铁、煤焦、材料作抵银一百万两，又以萍矿及萍洙铁路借用之日款一百三十余万元作抵银一百余万两。其余应还重利息债，尚需二百万两，新旧合共需款五百万两。此新公司应筹款项之大略情形也。

新公司接认前亏二百万，而得大冶铁矿铁路、汉阳新旧两厂。创办艰危之境已过，冶炼改良之法已得，煤铁现成售销。有说日俄之战日本得力于海军者最多，俄国舰队沉毁大半，势必重兴，各国亦必更重海军。战事毕后，东三省、高丽一带大有创作，需用钢铁必多，报章哄传德国亦将在东方经营船坞。当汉阳新厂成时，可望适值旺年，外洋钢铁报均以此预卜。至中国各省铁路购料，按照合同，均有先尽汉厂之条。倘能货色精良，销路自可无虑。此新公司接办汉厂之合算而前程可期发达之大略情形也。

新厂再添大生铁炉一座，日出生铁三百吨，月出九千吨，每年只作十个月出货。共出生铁九万吨。旧炉两座，改良后日出一百五十吨，月出四千五百吨，亦作十个月出货，共出四万五千吨。新旧三炉，每年总共出铁十三万五千吨，约估每吨工料成本如左：

| | |
|---|---|
| 焦炭一吨二五（每吨作价银九两） | 十一两二钱五分 |
| 矿石一吨半 | 一两五钱 |
| 白石半吨 | 二钱五分 |
| 人工局用 | 一两 |
| 有余不尽 | 一两 |

每吨工料银十五两

再，添钢炉两座，新旧一共五座，日出钢货二百吨，除去礼拜外，月出钢货五千二百吨，每年只作十个月出货，共出五万二千吨。照前禀哲美斯所估钢轨、钢板、工字、三角、圆扁等钢货，通扯成本每吨：工料五镑十七先令，今作六镑。每镑作银八两（前禀内每镑作银七两五钱），每吨钢货成本合银四十八两。生铁十三万五千吨，每吨工料银十五两，共银二百零二万五千两。照目前汉厂售与日本生铁，上海交货每吨汉口洋例银二十四两五钱，去水脚二两，净价二十二两五钱，每吨除工料银十五两，余银七两五钱；外售六万吨。余银四十五万两，内售钢厂七万五千吨炼造钢货，每吨作银二十两，余银三十七万五千两。生铁十三万五千吨，共余银八十二万五千两。钢货五万二千吨，每吨工料银四十八两，共银二百四十九万六千两。照卢汉轨件三件扯价七镑十六先令五本士，每镑作银八两（前禀内每镑作银七两五钱），作银六十二两五钱。又，照瑞熔船厂所购钢板等货，四年扯价六十二两五钱八分，今作通扯，售价六十二两，水脚通扯四两（预备出口外销），净价五十八两，每吨除工料银四十八两，余银十两，钢货五万二千吨，共余银二十五万两。钢、铁两货，总共余银一百三十四万五千两。除生铁捐十三万五千两；接认前款三百五十万（共四百九十万，以日款一百六十万元作银一百四十万两抵还，尚有三百五十万两），照日本借款六厘起息（新厂开工以后起算），二十一万两；新股三百万两，八厘起息，二十四万两；折旧十万两，共除银六十八万五千两。净结余利银六十六万两。此新公司可望盈余之大略情形也。

然非先筹巨款扎定老营，不能悉锐前进，拟请添招华股二百万两为根本，并与萍矿合借洋债五十万镑，约合银四百万两，分二十年归还，但给利息扣头，仍须权自我操，洋人不得干预。前年项城袁宫保过汉阅厂，曾议借款千万一气呵成，惜乎蹉跎三载，此议未成。但官款难筹，商本难集，余此实无他策，年复一年，伊于胡底。现得日本预借矿价三百万元，合银二百廿余万，萍矿旧股一百五十万，汉厂旧股五十万，再添招新股二百万，只须借洋债四百万，便可合成千万之数。以后煤、铁两局，每凑还洋债本利四十万确有把握，合并陈明。

侯选郎中李维格谨呈

（《汉冶萍公司》第二册，第486—490页。）

# 致银钱股手条

李　维　格

本厂自二十二年四月十一日改归商办至二十六年底止，有添置各项，计银三十六万八千余两。二十七年四月间，前总办[①] 盛领衔会禀督办，以此添置各项抵销官局移交之钢铁、煤炭、材料等物，当时禀中虽亦会衔而未假深思。此次督办来鄂清理款目，询问添置各项，遂及此案。同人反复辨难，均觉两相抵销，于理实有未当之处。查奏案，铁厂自开办起至改归商办止，报部官本五百余万，即以一两之铁捐汇数陆续缴还，而移交之钢铁、煤炭、材料等物亦即在此五百余万之内。本自有着，毋需以商厂添置抵销，此添置各项，仍应列册。惟添置与修理不同，所开三十六万八千余两，由提调等酌定，敝处复核，应删去修理银十万零八百七十一两零九分五厘加入货本之内，又重复之洋焦炉官局火砖银八万零四十两，共应删去银十八万零九百十一两零九分五厘。而用剩之铁轴、铁模，及前未列之铁地板，应分别照废铁、生铁等价值列作厂本，共银二十七万四千二百二十九两九钱三分。至于厂存钢铁各

① 前总办盛，指盛春颐，字我彭，曾任汉阳铁厂总办。

货价目则应大加折减，国内有不合售销而须回炉者甚多，所定之价太高，断不能值。当时将此情形面禀督办，嗣奉郑州来电，廿六年止，盛、李会禀添置三十六万余两，廿九年九月止，盛禀续置三十三万余两，杨令监盘，禀复剔除钢板，改报廿三万余两，前案咨报三十六余万两漏未提及，现拟廿二年四月起，廿九年十二月止作一起咨报。昨据该司员面禀，前案添置项下，应剔除火砖及修理各项约十六万两，应列二十万，连续置廿三万余两，共报四十三、四万，与宗令递呈袁宫保帐不相上下。两案剔除廿五、六万已不为少。又，查廿九年年总，已列亏本一百五十五万余两，则亦不必更改，因据李禀，钢铁作价变必多折蚀，既未便再加亏数，自应酌减廿万，即以漏列核减之前案，添置廿万相抵，将来钢铁价能多售，仍可列收新帐。该司员接此电后，应即督饬所司复核，另造清册具禀，以凭咨行支等因，即希尊处查照办理，将二十六年以前之添置各项，补本年总册，前后添置并作一起，而即以此添置及废轴等所值之数，折减钢铁货价可也。

（《汉冶萍公司》第二册，第 496—497 页。）

# 布　告

## 李维格

［光绪三十七年十二月二十日（1908年1月23日）上海］

本厂自[①]南皮张公创办，[②]武进盛公继起，惨淡经营者前后十余年，艰难困苦，心力交瘁，其所以不能早见成效者，盖中国向未办过此等铁厂，事非素习，处处因外行吃亏，如锻炼之未精，机炉之不备。病在本原无从着手，然又欲罢不能，有进无退，于是建议非改旧换新不可，而改旧换新非款不办，乃百方设法筹款，派鄙人出洋购机选匠，为背城一战之计。鄙人默观时局，知钢铁世界，此厂实为中国富强命根，遂不顾利害，冒险从事。然仔肩之重，困难之多，四年以来食不甘而寝不安者，几于无日不是。幸赖群力，于纷乱之中渐见条理，若能再接再厉不放松劲，吾敢一言决之，收效桑榆之日当已不远。为中国保全此根本实业，同人之功也。惟退居深思，谁无事蓄之累，欲我同人尽心厂事，不能不有以体恤其情，将来厂有起色，公家自必有所分润，目前尚在艰困之中，公家实有所不遑，鄙人现定于薪水内自三十四年二月份起，每日提银二百两存放本厂蓄储处生息，为同人中或有因病因丧身故，家属无

① 南皮张公，指张之洞。
② 武进盛公，指盛宣怀。

人养赡者，稍稍贴补，此项提薪至公家力能分润为止。章程数条开列于后：

一、员司工匠（论日小工不在内）在厂已有三年，有功无过，薪水工资在三十两以下，身后萧条，家属实在无人赡养者均得请恤。

二、凡有因病因伤身故，欲请抚恤者，须有公正同人在厂已有三年资格五人联名代请。

三、或给或不给或酌给，整数一次或月贴若干，具折领取，至何时为止，均由鄙人酌定。

四、公家照例恤款仍旧给发。

以上数条为试行简章，同人如有所见，须增损者随时斟酌。大冶之铁、萍乡之煤为环球所不多见之矿，但愿我同人以情义相激发，一人尽一人之心力，使全厂无废工无废料，上下团结，致此厂于东方之克虏伯、卡乃基，以为中国实业表率，则公家固受其益，而于一人之私亦有所裨。若有害群之马，损良之莠，则此后当群起攻之，去恶务尽，鄙人有厚望焉。

光绪三十三年腊月二十日。李维格启。

（《汉冶萍公司》第二册，第666—667页。）

# 致盛宣怀说贴

李　维　格

［光绪二十八年八月二十五日(1902 年 9 月 26)汉阳］

谨拟汉阳铁厂减轻成本、广筹销路办法，用款，开呈钧鉴。

办法

一一以铁就煤询诸铁商，上海一埠每年共销熟铁约值银百余万两，钉条为正，圆扁次之，徵诸关册所载略同。汉厂本炼熟铁，因煤价昂贵，不能与洋铁争胜，故机炉虽具，而已废置多年。夫煤价昂贵，由于运艰道远，每萍煤一吨在厂交货，需洋例银五两半，日本煤须六七两。又，因煤多搀杂，汽锅相距太远，烘炉无锅生汽，炼成熟铁一吨须用煤六七吨，煤本即已三十余两。据萍矿总办张道赞宸面称，萍煤在矿价止一两，且尽用大块。若自萍运汉，则不特大块成末，火力远逊，而船户沿途搀杂，防不胜防。是则欲炼熟铁，非以铁就煤不可。盖生铁炼熟，火耗至多十成之二。就萍炼铁一吨。止须运往生铁一吨有零，即由转运萍煤回空船只带往，运费可轻；至炼熟以后轧成通行花色，发往湘潭、长沙、常德、汉口、上海等处分销。地踞上游者尤易与洋铁争胜，彼愈远而我愈近也。

今将炼熟成本，近日市价，开列于后，以备参考。

熟铁每吨成本约数：

| | |
|---|---|
| 生铁一吨半 | 银三十七两半 |
| 大块好煤四吨半 | 银四两半 |
| 人工杂料 | 银五两 |
| 运费至上海 | 银六两 |
| 厂本息 | 银一两四钱 |
| 行本息 | 银五钱 |
| 机器折旧 | 银六钱 |
| 修理 | 银一两 |
| 有余不尽 | 银一两 |

共五十七两五钱

近日市价：

本月二十三日市价每担银三两六钱五分，每吨合银五十九两三钱三分。

照上所开成本、市价，每吨可余银一两八钱二分。倘能生铁炉两座齐开，萍汉运道通畅，盈余当不止此。纵使无余，甚且折阅一二两，为销生铁计，炼熟亦尚合算，因中国熟铁用繁而销畅，生铁用简而销滞也。

——烘炉加装汽锅，钢铁坯未轧之前，必须烘至红透始上轧机。闻洋厂烘炉必连汽锅，因炉火除烘坏外，尚有余力可以蒸汽。就厂烘炉之数而言，若加装汽锅，至少可省专为蒸汽之锅两座，即每日可省煤二十吨，以每吨银五两计之，每月可省银三千两。倘贝色麻厂能改用钢坯留热之法，不用烘炉，则所省尤巨。而钢质益良。盖留热之法，钢坯竖立，渣滓上浮，截去其端，即全体匀净；尤可取者，留热之坯，热度内外一律，不若炉烘之坯，热度参差，轧轨时易致损裂也。

——生铁炉经送铁水　现在贝色麻生铁系成条后复用焦炭熔化炼钢，而洋厂则由生铁炉径送铁水至贝厂者，多不待其成条后而又复熔。以复溶条铁所需焦炭，汉厂月用四百余吨，即每用糜费银四千余两，且不独糜费焦炭已也，一经复熔，火耗愈多而磷磺加重矣。

——预备两炉齐开　生铁炉两座齐开，必须添置打风机一架，上料升降机一架，高白炉三座。惟生、熟、钢销路未畅之前，拟仍开一座，以免货搁。而机炉则不能不先事预备，宁已备而不用，不可欲用而未备。盖订购装配，至速亦须半年之久也。

——自炼锰精　酸法炼贝色麻钢，必须加用锰精，以补足炭气。现锰精皆购自外洋，价值奇昂，每吨须英金二十镑左右，合银一百四五十两。每年约用四百余吨，即须银六万两左右。查兴国州锰矿含锰尚多，拟自设炉座仿炼，以轻成本。惟闻外洋锻炼锰精之矿含锰百分中四十余分，兴锰是否合炼，尚待考订。

——游历洋厂　中国各省官厂皆有常年经费，官造官用不计成本。今汉厂欲与洋厂争胜而全恃销路自养，则材料、人工必得一无遗算，始克希几。外洋铁厂积数十百年之阅历，可法必多。拟请核准卑职偕同徐倅庆沅至欧美各厂游历一周，以五六月为期，考订炼法。办法期在兼收众长一无遗算。而尤急者，为考订萍乡熟铁厂应添汽机马力若干，轧轴速率多少，钉轴之如何修造，炉座之如何筑砌，必须先考后购，始免铸错之弊，若悬拟订购，则终难悉臻妥善。在卑职等不辞远涉重洋，无非念铁政为中国一大要政，坐视废弛，或入外人之乎，天良稍具，不能漠然不动于中，徐倅究心铁政十有余年，华人中实罕其匹，今为保全中国自有利权大计，已允偕行，此汉厂之幸也。

以上所拟办法能否克底于成，全恃款项之能否周转，心力之能否精果为断。至兵灾非常之变及外人把持不用我轨，则非所论矣。

用款

照以上办法，能否有效，殊难预必；纵使有效，亦在三年以后。此三年之中，以月出钢轨千五百吨，近日轨价六镑五先令合算，连零件每月入款约在七万左右；生铁一宗，姑拟月销四百吨，以近日铁价二十五两计之，月入一万。轨、铁两项每月进入八万。而出款则非十万不可，月计岁会，一年折阅约在二十万左右。故此三年之中，若铁价不涨，销路不畅，即层层撙节，逐年递减，而所耗必巨，此预备亏本之大略情形也。至添置项下，则价值有涨落，运脚视水旱，不能预定。姑将用款约略开呈，听候裁夺。

——预备亏本项下

萍乡每月焦炭价款关系重大。电报有不通之日，一时无款可应，呼吁无门，势必坐视决裂，全局瓦解，此任事者所朝夕惴惴者也。拟请在预备亏本项下先拨银二十万两，汇汉分存银行银号，非至急不能动用，使任事者得以安心办事。

——添置项下

| | | |
|---|---|---|
| 熟铁厂应添 | 铁屋一所 | 约银四万两 |
| | 汽机一副 | 约银一万二千两 |
| | 剪床两副 | 约银二千两 |
| | 锅炉二十八只 | 约银四万两 |
| | 炒铁炉二十八只 | 约银二万两 |
| | 抽水机三副 | 约银三千五百两 |
| | 钉条轴三十副 | 约银一万两 |

以上约共银十二万七千五百两，连厂基运脚及拆运现有机炉统共约需银少则十五万，多则二十万，应足敷用。

| | | |
|---|---|---|
| 生铁炉两座齐开应添 | 打风机一架 | 约银四万两 |
| | 高白炉三座 | 约银二万五千两 |
| | 升降机一架 | 约银五千两 |
| | 汽锅三只 | 约银五千两 |

以上约共银七万五千两，连见厂上铁水升降机及烘炉加装汽锅，统共约需银十万两。

添置项下约共需银三十万两，连预备三年亏本五六十万两，统共约需银八九十万两，宽计之，须筹的款一百万两。至两人游历，以五六月为期，约需银七千两左右，须至说贴者。

（《汉冶萍公司》第二册，第191—194页。）

# 出洋采办机器禀

## 李 维 格

［光绪三十年十二月十二日］

窃司员荷蒙信任，奏派出洋考察铁政，采办机炉，选雇洋匠，为振兴汉阳铁厂之图。当于本年 2 月 23 日启程，由美而欧，迨事毕回华，于 10 月 21 日到沪，计阅 8 月。兹将出洋以来，通筹办法，缕晰上陈，仰祈钧鉴。

甲、生料。铁厂命根，全在铁石焦炭，故司员将所有生料，带往外洋考验，倘生料不合化炼，则旧厂必须停止，断无扩充之理；如果合用，承炼成钢铁，本轻质佳，可期与欧美争胜，然后放手做去。此司员、进退行止，全视生料为断。

伦敦钢铁业名人所荟萃。司员到英，即踵访专家，以考验带往生料，得史戴德者，为一国之望，会同检点各样，由史详慎化验之，得大冶铁石、白石，萍乡焦炭；并皆佳妙，铁石含铁 60－65％分，而焦炭则等于英国最上之品，其原文说贴，已早呈钧鉴矣。查英国克利夫伦铁石，含铁 28％分，厂矿相连，每吨需价 4 先令，而远运之日斯班尼牙铁石，含 50％分，需 14.5 先令。德国老来因铁石，含 33－37％分，离矿远者，需 14 马克。以大冶之石之价相比，胜着自在我操。日本国家铁厂（名铸铁所，明治 29 年开办)购我冶石每吨日金 3 元,运脚 4 元,加以驳力杂费,每吨到厂约 7 元 50 钱,视我就地取材,成本之轻重何如,而彼国家尚毅然为之,可以见当今铁政之重要矣。惟我萍焦之价,倍于英德,应从核减耳。

至于大冶、萍乡蕴藏之富,前年据总矿师赖伦说贴云:大冶浮面可采之矿石,约计 1 百兆吨,以每年采自 30 万吨算,可供 3 百年之用。萍乡平巷浅井可得之煤,约计 5 百兆吨,年采 1 兆吨,可供 5 百年之用。司员在洋时,举以告人,皆以天富中国为贺。

乙、钢质。炼钢有酸法碱法之别,酸法不能去铁中之磷,惟碱法能之。汉厂贝色麻系酸法,而大冶矿石所炼之铁,含磷过多,以致沪宁铁路公司化炼轨样后,不肯收用。谓其含磷多,而含炭少,磷多则脆,炭少则软。卜聂炼钢,减少含炭分数,使其柔软,以免断裂,然柔则不经磨擦,软易走样,其应用若干年者,不及此年数,即须更换,此汉厂贝轨之所以不合用也。汉厂鱼尾板等钢,系马丁碱法炼成,沪宁公司称为上品。司员博访周谘,并从史戴德之议。决定废弃贝色麻而改用马丁碱法,成效昭著,似无疑义。且改用马丁碱法后,现所剔除之磷重矿石,均可取用,亦一大有裨益处也。

丙、销路。中国铁路,正当发轫之始,各路合同,即有订购料件须先尽汉厂之条。将来即轨件 1 项,已非汉阳 1 厂所能供应。至于外销船料等件,亦属一大利源。即以上海耶松 1 厂而论,该厂常存造船钢铁料件值数十万金,因电洋订购，非两三月不能到华，而此数十万搁本利息甚属不资。且存料之尺寸，非必用所需之尺寸，剪裁之余，难免糜费。若汉厂能造此船料，一电订购，应用甚速，尺寸亦可照拉，耶松如此，他可类推。

湖北铁政，苟中国以全力大举，不但东方销路在我掌握，并可运销美国西滨太平洋各省。盖美之煤铁矿、铁厂均在东省，东西远隔万余里，铁路运脚，每吨约需美金 10 元；而英国恃美太平洋各省粮食，运粮而往，带铁而回，每吨只需运脚 14 先令（合美金 3 元半，此系中数，有低至 8 先令，而高至 20 先令者。），虽有进口税每吨 4 元，而尚较自东徂西，车运为贱。美国松木，为中东各国进口大宗，运木船只，缺乏回载。司员道出旧金山时，运木输船公司，极欲揽载我之钢铁，每吨运脚美金 3 元（12 先令）。查外洋商务之所以能愈推愈广者。在多中取利，国中邻近，仍不能尽销，则宁加水脚，求售于海外。美国溢出钢铁，运销于欧洲者，其价反视本国尚贱（美铁厂尽在东省，与欧洲仅隔一海，水运远贱于陆，故舍己之西省，而反以欧洲为溢货之市场），盖贱售得现，犹胜于搁本搁利也。惟汉厂贝钢，磷重炭轻，颇贻口实；非有取信于人之道，销路虽广，仍恐无人过问。

司员早年即闻英国有钢铁船料公估局，英厂所造钢铁船料，均由公估局派人到厂掣验，合用然后打戳，听售与船厂，船成后，造法用料均称合格，公估局始为注册列号发给文凭，船商持凭方能保险，一一钩勒，无可逃免。司员预为地步，汉厂钢铁，计非公估局派人来华验看不可，故在伦敦时，辗转设法商请，幸已邀允。将来有此局员驻验，声价可与洋商齐高，人之购料者，但在公估局员戳记，即不问其来自何厂矣。

运销外国之货，往某国者，即宜选派某国素有声望巨商专销若干年，使其有利可图，方能得其实力，开通销路。至于上海宜择洋商之素与耶松等船厂有往来者，经理专销洋厂之货，另由汉厂自设批发所，即附在该洋商之行内，经理专销华人之货，华洋价目划一，明昭信实。若经手歧杂，一人一价，即混淆紊乱，主顾无所适从，非招揽之道也。

丁、新机炉，生料、钢质、销路三要端，考核已定。于是逐筹及新机炉之事，专注炼造碱法马丁钢、船料、桥料、屋料等货。旧厂向只炼造贝色麻钢轨，除贝炉之外，仅有容积 10 吨之碱法马丁炉 1 座，轨轮 1 副，条板虽亦有轴，具体而微，尺寸略大之件即不能拉造；且马丁钢亦不敷远甚，仅勉供贝轨之附件而已。现所购办者系：

碱法马丁炉两座，每座容积 30 吨（旧炉 1 座容积 10 吨）。

调和铁汁炉 1 座，容积 150 吨（旧无）。

挂梁电力起重机 4 架，1 架起重 50 吨，1 架 30 吨，两架 15 吨（旧无）。

挂梁水力压顶钢胚出筒机 1 副（旧无）。

煤气地坑 1 座（旧无）。

挂梁电力吊取钢胚出地坑机1副(旧无)。

轧胚轴1副,径40寸,能轧钢胚至20寸见方(旧无专轴,借用32寸之轨轴,轧胚仅12寸见方)。

胚轴汽机,实马力7,554匹(旧即轨轴汽机,实马力3,630匹)。

条轴1副,径32寸,能轧工字钢梁至18寸深,7寸宽(旧轴径最大者20寸,最小12寸)。

条轴汽机,实马力11,708匹(旧以轨轴汽机3,630匹为力最大,此多8千余匹)。板轴1副,径30寸,能轧钢板至375方尺(旧轴22寸,仅能轧至39方尺)。

板轴汽机1副,实马力7,554匹。

此外电力运送钢胚机、发电机、电力、水力剪锯机、电灯机等,名目繁多,另造详细清册呈报。

此次购办机炉,全得英人顾师彭脱之力。该工师在江南制造局供职20年,局内钢厂机炉,系其自往外洋订购,始终一手经理,阅历甚深。此次偕同出洋,遍观美英德名厂司员,见不到之处殊多,全恃该工师以补不足,用能采取众长,自开清单,招英、德、美专门名厂十数家投标,复与同在外洋之萍矿总师赖伦及聘定之新工师,投标之各厂家,一再讨论辨难,然后分别定断。其正项机轴,司员订立合同,始行启程回华。附属各件及尚在绘图之碱法马丁钢炉(德国名家所绘),留交彭脱代定。以上机炉运保到汉,约共需英金163,146磅,其详细价值,当列入另造机炉名目清册之内。此次所定正项附件,系向英德9厂分购。该厂等互相竞争，开价至无可再低，而定员等照此最低之价，复行磋减，又值钢铁奇贱之年，节省尤巨。彭脱、赖伦办事，则实心实力，操守则一丝不苟，数月奔驰，舟车甚劳，无彼 2 人，司员不能到此精核处也。机炉明年夏令均可到齐。合同各备 3 份，一交彭脱，一存汉厂，一呈钧鉴。俟其寄齐，再行汇呈。

戊、新工师。聘定新工师 4 人，一生铁炉、一钢厂、一轧轴厂、一修理机器厂，均赖伦及前工师吕柏帮同物色而来。合同 3 年，第 1 年后，彼此可退，每月薪水 50 磅。1 年之后，省工省料，多出货物，加酬劳费，每年 1 百磅至 2 百磅，2 人年内可到，2 人年初来华。原议此新工师 4 人，归总办及总矿师赖伦节制，现赖伦因矿事紧要，不能兼顾，其势只得另聘有资望可信任之总工师 1 人来华统制，否则华总办内外事繁，又无此中专门学问，必致小省而大亏。盖薪水有限，而工程货物出入甚巨也。前生铁炉工师吕柏，天资敏捷，笃学深思，办事亦有血性，回洋以后，阅历更多，现在德国 1 著名大厂充生铁炉总工师，近为该厂建 1 日夜出铁 5 百吨之大炉，为司员目见，该工师确系总核之才；驾驭华洋师匠，可期胜任愉快。吕柏闻我所办机炉精良，甚愿来华赞成此举，月薪 2 百镑，第 1 年后，如彼此不合，亦可辞退。新工师德人、吕柏、荷兰人，与总矿师赖伦均极融洽，可免从前厂矿洋人之嫌隙，新工师所以用德人者即此意也。吕柏熟悉德法英 3 国语言文字，将来与铁路各公司交接必大有裨益。

已、新机炉择地。萍乡铁矿难恃，又须接铁路40里，需款过巨。即就近在大冶另起炉灶，亦非目前力量所能办，款项有限，惟有凑现成局面，仍就汉阳布置，步步为营，俟销路畅旺，再在大冶推广。此次借款出洋原为挽救汉厂起见，汉厂独立则不足，盖现有机轴，力小式旧，且皆一机数轴，费料费工，除钢轨及附属之件外，能造花色既少而小，以之为官局，而有常年经费则可，以之为商厂，而全靠自养则不可。设厂犹如设肆，货色备者少，而不备者多，主顾不来。旧轴所造钢板，船厂不购，以其短窄，多黄窝钉人工。其他船料、桥料、屋料等大件，无一能造。要知中国本无铁政，此系开从来未有之创局，前创后因，难易不同，凡事必经历磨折，然后知所弃取。然若以新机炉辅之，则尚有可为，以旧机略加添改，专造小件，而腾出新机专造大件（外洋用轨，年重1年，英已用至每码百磅，中国路轨，难免改重，欲造百磅之轨，惟新机能之），可得相互为用之益。

庚、出货。现有生铁炉两座，日夜出铁110余吨。拟加大总风管，加多炉膛进风管，开用新风机，添造热风炉，日夜出铁至少150吨，多可2百吨。即以150吨计，月得4,500吨，造成钢货折耗剪截以7折计，月得铁路、船料、桥料、屋料等货3,150吨。尽新旧机轴之力，日夜可造钢货约1千吨。俟款项周转稍灵，销路畅旺，拟在大冶添设生铁炉，尽收东方钢铁之利，以不负此天富之蕴藏。

辛、成本。在英时，另延名家哲美斯（曾由英国派往美国考查异同),核估出货成本,其说帖亦已早呈钧鉴。所有生料价目,均照萍冶目前之数开示,其余一切,悉本英国常数,以汉厂糜费甚大,不足为凭。据估:

生铁,每吨需本2镑,9先令1便士4;

(按哲氏以两炉月出6千吨计算,渠意现有之两炉加大风力,日夜出铁200吨至220吨甚易,若照司员从稳估计,月出4,500吨,则成本尚须加大,而生铁捐、利息,折旧亦未在内。)

钢胚,(碱法马丁)每吨需本3镑15先令3便士6;

钢轨,每吨需本5镑1先令1便士;

钢板,每吨需本6镑14先令7便士;

工字三角圆扁等钢条,每吨需本5镑17先令。

以上核估工料细数,均详于哲美斯说贴之内。哲云:铁石须碎为小块,焦炭含水不得过2%等语。司员按铁石碎小,尚易为力,至欲焦炭须不为船户偷盗搀水,则非轮驳得力不为功。

壬、赢余。查汉厂近所售芦汉铁路贝轨及附近属零件各价,除庚子轨价,每吨英金8镑10先令,本年宁沪铁路所购英轨,每吨5镑,涨跌悬殊,不足凭准外;其光绪27—29三年轨件之价,开列于后:

27年每吨

贝　轨,156佛郎25生丁,合英金6镑5先令;

鱼尾板,190佛郎,合英金7镑13先令;

垫　板,202佛郎50生丁,合英金8镑2先令。

28 年每吨

贝　轨,160 佛郎,合英金 6 镑 8 先令;

鱼尾板,193 佛郎 75 生丁,合英金 7 镑 16 先令;

垫　板,206 佛郎 25 生丁,合英金 8 镑 5 先令。

29 年每吨

贝　轨,161 佛郎,合英金 6 镑 9 先令;

鱼尾板,187 佛郎,合英金 7 镑 10 先令;

垫　板,187 佛郎,合英金 7 镑 10 先令;

3 年通扯中数如下:

贝　轨,每吨英金 6 镑 7 先令 4 便士;

鱼尾板,每吨英金 7 镑 13 先令;

垫　板,每吨英金 7 镑 19 先令。

再以三英通扯,其中数,系每吨英金 7 镑 6 先令 5 便士。

上海瑞 船厂开来 1901—1904 年该厂所购外洋运来钢板等货价目,开列于下:

1901 年　每吨规元(运送到厂)

钢板,61 两零 4 分;

三角等钢条,69 两 1 钱 5 分;

圆扁等钢条,54 两 2 钱 4 分;

窝钉,81 两 1 钱 7 分。

1902 年

钢板,62 两 8 钱 1 分;

三角等钢条,70 两 8 钱 8 分;

圆扁等钢条,58 两 4 钱;

窝钉,91 两 9 钱。

1903 年

钢板,61 两 2 钱 3 分;

三角等钢条,67 两 7 钱 2 分;

圆扁等钢条,65 两 3 钱 9 分;

窝钉,103 两 4 钱 2 分。

1904 年

钢板,60 两 3 钱 3 分;

三角等钢条,68 两 1 钱 4 分;

圆扁等钢条,71 两 7 钱 3 分;

窝钉,75 两 4 钱 2 分。

除窝钉件小,销钢有限不计外,以 4 年通扯,成本各项中数如下:

钢板,每吨规元 61 两 3 钱 5 分;

三角等钢条,每吨规元 63 两 9 钱 7 分;

圆扁等钢条,每吨规元 62 两 4 钱 4 分。

再以三项通扯,其中数系每吨规元 62 两 5 钱 8 分。以哲美斯核估,三项出货成本,扯中之数比较,芦汉铁路及瑞鎔船厂,实购轨件板条等价扯中之数如下:

哲美斯核估碱法马丁钢货成本:

钢轨,每吨 5 镑 1 先令 1 便士;

钢板,每吨 6 镑 14 先令 7 便士;

工字三角圆扁等钢条,每吨 5 镑 17 先令。

以上三项成本通扯中数，每吨5镑17先令。惟生铁系照月出6千吨之成本核算，每吨2镑9先令74便士。今以月出4,500吨计之，拟每吨加生铁成本3先令，三面通扯，应作6镑。芦汉轨件之价，27、28、29三年中数，7镑6先令5便士，则每吨毛利1镑6先令5便士。月造钢货3,150吨，每年以11个月出货，计34,650吨，共余毛利45,755镑，每镑作汉口洋例银7两9钱，合银343,162.5两。除生铁捐每吨银1两，每年49,500两(月出生铁4,500吨，以11个月算)，新机炉本银2百万两，常年6厘计息(照日本借款之息)银12万两，钢铁煤焦材料搁本银1百万两，常年利息1分，银10万两，折旧以30年为期，每年折银66,000余两，总共余银335,500两。净结余利银7,662.5两(以汉口交货而论，则驳力尚不在内)。又以每吨成本6镑，比较瑞鎔船厂开来钢板等价，通扯中数，每吨规元62两5钱8分，每年11个月出货34,650吨，共计成本207,900镑，每镑作规元7两5钱，合元1,559,250两。售出，每吨规元62两5钱8分，共34,650吨，售元2,168,397两。除生铁捐49,500两，厂本银息12万两，搁本银息10万两，出运水脚、保险远近通扯，每吨4两(预备运往香港、日本等处)，共138,600两，折旧66,000两。总共余元474,100两。成本元1,559,250两。其余元2,033,350两。照售元2,168,397两。净结余利元135,047两。

若果如哲美斯之言，旧炉改良，两炉月出生铁6千吨(以理论断确有其道)，造成钢货7折，计4,200吨，每年

11 个月，出货 46,200 吨，每吨通扯成本 5 镑 17 先令，作银 44 两，照芦汉轨件扯价 7 镑 6 先令 5 便士，作银 55 两；又照瑞鎔开来钢板等货扯价 62 两 5 钱 8 分；再将两价通扯中数 58 两 7 钱 9 分；每吨应余毛利 14 两 7 钱 9 分。以每年售货 46,200 吨算，其余毛利 683,298 两。除生铁捐 66,000 两，厂本息 120,000 两，搁本息 100,000 两，折旧 66,000 两。其余 536,800 两。净结余利 146,498 两。

照上核计赢余并不为巨，所以然者，焦价昂而用之多也。欲获巨利，非在大冶添设 1 生铁大炉不可，悉照最新之法，日夜出铁 3 百吨。约估成本如下：

| | |
|---|---|
| 焦炭 1.25 吨(每吨作价银 9 两) | 11 两 2 钱 5 分 |
| 矿石 1 吨半 | 1 两 5 钱 |
| 白石半吨 | 2 钱 5 分 |
| 厂本息 | 5 钱 |
| 搁本息 | 5 钱 |
| 折旧 | 2 钱 5 分 |
| 人工 | 1 两 |
| 生铁捐 | 1 两 |
| 有余不尽 | 1 两 |

共银 17 两 2 钱 5 分。售银 20 两。每年 11 个月，出铁 99,000 吨，净余银 272,250 两。炼造钢货利愈厚，尽汉厂新旧机轴之力日夜约可造货 1,000 吨。

癸、款项。新机炉运保到汉，前已言之，约需英金 163,

146镑。在洋时电禀约250,000镑者,系连生铁炉在内。嗣因款项不敷,生铁炉拟暂缓定购。至基脚装配约需40,000镑(此系悬拟之数,土工颇有出入),改良旧机炉约需20,000镑,约共需英金223,146镑。日本借款3百万圆,约合英金300,000镑,除上开223,146镑外,约余76,854镑,作银600,000两。新机炉出货在光绪32年夏秋之间,打通销路至速1年。此两三年内,必须多备用款,仅此600,000两深恐不能周转,设若青黄不接,则全功尽弃,惟宫保(盛宣怀)预筹之。

子、旧厂目前办法。贝色麻钢既不合用,马丁炉日夜仅出钢20余吨,断无开钢厂之理,除生铁炉外,即应一律停工遣散。此外,7厂可停者亦停,以仅供生铁炉修理为度。新机炉未开工之前,专售生铁,跌价广销,虽未必出入机抵,而亏亦不致过巨。所惜者,早年于外洋市面隔绝,且纽于本利,未将南洋各处生铁路打通,临渴掘井,一时恐不易畅销耳。

丑、责任。此次订购机炉,选用工师,均司员一手经理,久荷知遇,欲委以总办厂务,司员现已无可诿辞。惟旧厂积累,则自系前人之责,司员一概不能接认,兹特坚明要约于前,惟宫保谅之。

寅、事权。用人行政,须有专一全权,宫保既予人,则或有所设施,或有人请求,事无巨细,均须饬由司员议复,再定从违,以免纷歧之病。总办人可撤换,而事权不可不一。惟出入重大,拟请时派专员到厂调查帐据,不先通知。

非谓宫保不信任，亦办事宜然耳。

卯、焦炭。庚子辛丑之间，萍矿与汉厂订立煤焦价合同，以 3 年为期(是否 3 年记不甚清)，生煤每吨洋例银 5.5 两，焦炭 11 两，似系宫保所断。其时汉厂焦轨，每吨 8 镑 10 先令，而今年轨价 5 镑，外洋焦价视钢铁昂贱为涨跌，以前今之轨价比例核减，则萍矿本重，势不能支。兹持平酌拟，汉厂用焦每吨 10 两，将来大冶设炉后，汉冶一律 9 两，此价目也。至由焦付款，谱须照汉厂实用吨数酌定限止。以目前而论，拟月付焦价 6 千吨，煤价 2 千吨。其余收数，另登一册，作为代萍收存之数，若尽收仅付，是汉厂为萍矿任搁本之累，厂力如何能胜?

辰、免税。英属坎拿大(北美洲之北)无铁政，国家鼓励商人开设，出铁 1 吨，津贴金圆 1 圆。日本商轮行驶扬子江，国家年贴 30 万元，行驶湘鄂苏沪，保其官利，外洋国家资助商业者，不一而足。汉厂本系官办，商人辞不获命，勉承艰巨。以今非钢铁不足立国，商人困苦竭蹶，保此铁政，尤应得国家之体恤，拟请暂免生铁捐 5 年，其进出口税及厘金，拟请永远豁免。

巳、总结。汉厂必有大发达之一日，惟目前 3 年，必须上下扶持，方克度过此艰危之境。

(《汉阳铁厂调查本末》第 1—14 页。)

# 汉阳铁厂与三井物产会社借款合同

［光绪三十二年正月二十日（1906年2月13日）上海］

立合同，湖北汉阳铁厂（此后称铁厂）、上海三井物产会社（此后称三井）因同日订立合同。铁厂允派三井在日本等处代为专销所造货料，为此，三井遂允订此合同，借与铁厂日币壹百万圆，订定条款如后：

一、三井此项借款或在汉口按照当时汇价付与铁厂，或付与铁厂所指无论何家银行，自西历一千九百零六年二月底起，至十一月底止，分十期匀数付交，利息自每期付款之日起算。

二、铁厂每次收到款项即出期票付与三井，由铁厂督办总办签押。此项借款照后开日期分数付还。

一千九百零七年六月三十日，付还日币十五万元。

一千九百零七年十二月三十一日，付还日币十五万元。

一千九百零八年六月三十日，付还日币十五万元。

一千九百零八年十二月三十一日，付还日币十五万元。

一千九百零九年六月三十日，付还日币二十万元。

一千九百零九年十二月三十一日，付还日币二十万元。

每期付还款项，即将该期该数期票交还铁厂注销。

三、按年七厘半起息（即每百元按年七元半），半年一付，即西历六月三十日、十二月三十一日。

四、汇价上下铁厂担承。

五、如合同期内铁厂另借款项还本付息，须先尽三井。

六、三井照另订之代销合同所售钢铁价款，或一月者，或数月者，如将遇期票到期，可归三井收存，以之付还到期本利。如有不足，即在汉口查照汇价付银，其三井收存之款，按年六厘起息（即每百元按年六元）。

七、如期票到期，铁厂不能照付，三井可将下开动物执掌销售，至未清之款还清为止。

计开：

铁厂制造之各种钢铁货

栈存之煤炭、焦炭

栈存之材料

如以上所开各物不值所欠三井之数，三井仍可向铁厂追索，至还清为止。

八、无论期票到期与否，铁厂可将借款全数一时付还，或全数内之一分亦可，惟代销钢铁合同仍至期满始止。

九、如有争执，两造各请公正人一人评判。如仍难断定，由两公正人合请一人，此人所断即为定评。此合请之一人，须由两公正人于尚未评论其事之前预先请定。

十、因三井借此款项，故铁厂保其用钱。详见代销合同。

十一、此合同华、英文各有三份，铁厂执两份，三井执一份。如有争执，以英文为准。

光绪三十二年正月二十日，即西历一千九百零六年二月十三号

湖北汉阳铁厂督办盛（宣怀）

总办李维格

三井物产会社上海支店长藤濑政次郎

附款

兹特订明，同日所订借款合同内第一、第二款所开，铁厂收到三井七期借款所出之期票十张，一俟借款全数交齐，此项期票即改为六张，以一年为期，期满再换新期票，至该合同第二款所订还清之日为止。

湖北汉阳铁厂督办盛（宣怀）

总办李维格

三井物产会社上海支店长藤濑政次郎

右合同ッ公认ス

明治三十九年二月十四日

在上海大日本总领事永泷久吉

（《汉冶萍公司》第二册第540—542页。）

# 三井物产会社代销汉阳铁厂货料合同

［光绪三十二年正月二十日(1906年2月13日)上海］

立合同。湖北汉阳铁厂(此后称铁厂)、上海三井物产会社(此后称三井),因同日订立合同(此合称借款合同),三井允借与铁厂日币一百万元,为此铁厂遂允订此合同,派三井代为专销所造货料,订立条款如后:

一、此合同自签押日起至一千九百零九年十二月底止为期满,或展或否,期满前三个月彼此商定。

二、所有钢铁归三井一家专销,惟除去后开各项不在此例:

甲.除去中国境内及香港所销钢铁,惟东三省、威海卫、青岛仍归三井代销。

乙.如有定货来自三井专销地段者,铁厂即转与三井。然若买客欲自向铁厂径购,铁厂可自与交易。惟价值须与三井当时代销者一样,仍照常付给三井用钱。

丙.除去中国自用铁路材料。

以上甲、丙两项所开货物,既已除去不在三井代销之列,三井自无用钱可得。

三、三井代销货物照所卖价目值百二分半扣用。如系汉口船上交货之价,即照此价目值百二分半扣用(即每百元扣用二元半）。

四、或因赶造中国自用铁路材料，或因他故，铁厂不能承接三井定货，致三井按年用钱不及日币一万五千元之数，或不及还本后递减之数，如后所开者，则由铁厂补足。惟因意外之虑，以致不能承接者，不在此例。然若照市面公道价值，铁厂力能承接，且所出货色如铁路材料、船板、锅炉板、梁柱等类，质地与欧美来者一样，能照保险会英国商部或其他通行章程试验，而三井不能招徕，则所保用钱即不照付。

五、逐年将同日因派代销钢铁而定借款之本递还，如借款合同所订者，即逐年将所保用钱递减：一千九百零七年保用日币一万五千元，零八年一万元，零九年五千元，本年零六年七千五百元。

六、售价彼此商定，惟生铁一种以五百吨为度，如三井不能不先售后报，可以照办，价目如下：

二号照雷特卡三号价目值百减二分半。

三号同上减五分。

雷特卡价目一礼拜一报。

七、售价系指包运至销地而言，其地运脚、保费、进口税、码头费、特别税、驳船费、栈租、小工费等由三井垫付（不取利息），结帐时并用钱均在价值内扣除，如有价值垫款及息，亦一并扣除。

八、三井于每月月底开送清帐结算彼此该存之款，并照借款合同第六款办理。

九、设若需要，铁厂允拨生铁以二千吨为度，交三井在各埠堆存应销。

十、托销之货，铁厂如欲三井预付汉口船上交货之价值八成，可以照行，或付日币，或付汉口洋例银，随三井之便，利息按年六厘。

十一、磅秤或在汉阳或在上海，如系生铁，在汉加耗每百吨二吨，在沪每百吨一吨，再，有短少不能补索，或在沪汉磅秤后，再在日本同铁厂所派之人对磅，如有短少，铁厂照补，悉听三井之便。

十二、货色优劣，铁厂之责。

十三、无论买客出货与否，系三井之责，除非为铁厂耽误。然如有意外之虞，铁厂不认其过。

十四、汇价上下，除非另行订明外，铁厂担认。

十五、此合同签字后，其一千九百零五年七月初十铁厂与三井所订代销生铁合同即行作废。惟此合同以前之交易，仍照该合同办理。

十六、铁厂如需日本材料，倘三井之价最低或与最低者相等，先尽三井。

十七、铁厂自售之钢铁，如三井水脚及船期相宜，先尽三井代运。

十八、如因意见不同各有争执，两造各请公正人一个评断。如仍难断定，由两公正人合请一人，此人所断即为定评。此合请之一人，须由两公正人于尚未评论其事之前预先请定。

十九，此合同华、英各订三份，铁厂执两份，三井执一份。如有争执，以英文为准。

光绪三十二年正月二十日

即西历一千九百零六年二月十三日

湖北汉阳铁厂督办盛[宣怀]

总办李维格

三井物产会社上海支店长藤濑政次郎

右合同ツ公认ス

明治三十九年二月十四日

在上海大日本总领事永泷久吉

(《汉冶萍公司》第二册第542—544页。)

# 大冶矿局向日本横滨正金银行借款合同

［光绪三十三年十一月初九日（1907 年 12 月 13 日）汉口］

一、督办湖北汉阳铁厂之大冶矿局订借日本横滨正金银行日本金货三十万元，正本合同画押之日后六个礼拜交付，以五年为期，年息七厘，付交本款之日起算，每半年一结付清。

二、照光绪二十九年十一月二十八日、明治三十七年一月十五日日本制铁及日本兴业银行与督办湖北汉阳铁厂之大冶矿局所订大冶购运矿石预借矿价正合同，将汉阳铁厂运售日本制铁所之矿石定数，自本合同订定之日起，每年添加二万吨，以五年为止。此项矿石价由日本制铁所交付日本横滨正金银行，以抵还本之数。

三、凡借款担保及矿石含质价值等一切事项，本合同未及详载者，悉照光绪二十九年十一月二十八日、明治三十七年一月十五日日本制铁所及日本兴业银行与督办湖北汉阳铁厂之大冶矿局所订购运矿石预借矿价正合同一律办理。

四、以上本合同缮就二分，湖北汉阳铁厂、日本横滨正金银行各执一分办凭。

大清太子少保前工部左侍郎督办湖北汉阳铁厂盛[宣怀]

代表李维格

大日本横滨正金银行汉口分行总办武内金平

大清光绪三十三年十一月初九日

大日本明治四十年十二月十三日

湖北汉阳铁厂另将光绪二十九年十一月二十八日、明治三十七年一月十五日日本制铁所及日本兴业银行与督办湖北铁厂之大冶矿局所订大冶矿局所订大冶购运矿石预借矿价正合同及其附件三件抄录底稿，交付日本横滨正金银行查照。

驻扎汉口大日本帝国领事高桥桔左少

(《汉冶萍公司》第二册第 659—660 页。)

# 广九铁路与汉阳铁厂订定铸轨章程[①]

[光绪三十四年四月呈部核定]

平脚钢轨，每码八十五镑。[②]

一、铁厂应照附粘图式，制一轨模，送总工程司处核准，并照一模，呈验收员核准，经验收员写明准用，即行开铸。至工程司所核准轨模，应由验收员交还铁厂，一面照制轨模两副，勒镌"广九铁路"字样，并注明重八十五镑，存工程司处，照制一副，存验收员处。

二、路轨需用钢制成。

三、每次所备制轨之钢，应含炭、磷两质，务经制轨人化验。若炭质不及一百分之三十分，或过于一百分之四十五分，磷质过一百分之七分半，则钢便不合用。

无论何时，验收员可入化验所，随意取验各钢。其成色如何，应由验收员给以凭单。尚应详细化验之处，其日期时刻，应请验收员自主。所制铁轨，每五百吨中，应取一条，请公正矿苗师详细化验，应需成色，开列于左：

炭质，少不得过一百分之三十分，多不过一百分之四十五分。

---

① 原注：见邮传部编纂轨政纪要初次编第三册第107—113页。
② 疑为磅，原件如此，下同。

砂、养二质，多不过一百分之十分。

磷质，多不过一百分之七分半。

硫磺，不得过一百分之六。

锰质，多不得过一百分之八十分。

不论化验何轨，若非以上所列成色，则所用制轨之钢，概不准用，铁厂必须另制轨样。

化验路轨之矿苗师，应由验收员聘请，经总工程司核准。其化验如何，铁厂不得异言。所有化验费用，均归铁厂料理。路轨长应一律，须与模型不差，并须格外坚固平直，不得有破裂、罅隙、渣锈各节。当制造路轨时，间或拗曲，只可用压力抒直，不得用椎。路轨首尾，必须平直，不得有力锯痕迹。路轨须凭核准模型铸准，每码应重八十五磅，每轨之重，不能逾一百分之一份，亦不能少一百分之一分。各轨之长，应三十六英尺，然或百条中有六条应用三十三英尺与三十英尺者，并临时酌定尺寸者，应需照配。如有应用短轨之时，准制轨人拣长轨之有破玷者，俟冻冷后，截去其破玷而用之。再者，路轨经控制之后，不得再用火烧，轨之长短，应照所定尺寸，过长不能逾英尺一分，过短亦不能少英尺一分。短轨须另标记，俾与长轨有区别。钢轨首尾两旁，各钻两孔，径口直线，应一英寸零十六分之三，孔内必须磨光平直，孔边外面，亦不得有凹凸形迹，钻孔之处，须照附粘图式所定方向，不得差错。铁厂所用之孔模，应用总工程司核准。若钻孔之处，以及孔之周围之小，差逾一英寸之三十二分之一，则将原轨驳还。凡孔不得先凿钻而后刨钻。轨旁应镌明 CKR 三字(即华文广九铁路),并注明每码重若干,与制造厂名以及年分。

试验钢轨有两法,列左:

一、每五十吨中,抽取六英尺长之铁轨一条,用两铁架分列两旁,中离三英尺六寸,将铁轨横置其上,首尾平均,中用二十八吨重物,悬至半句钟之久,低垂不可过至一英寸之十六分五,所悬重物之处,亦不可有缺陷痕迹。

二、已经试验之铁轨,如前法安置架上,用一吨重铁块,升高二十英尺,居中从空撞下,连撞两次,铁轨并无炸裂痕迹。其首次所撞陷痕,不得逾四英寸。连撞两次之后,铁轨低垂不得过八英寸,以后随意撞击,经验收员验明轨上痕迹,许可后,方可合用。

如验后未能照以上效果,则凡属此等钢料,概不得用。所有制成之轨,首尾须镌明系用何等钢质制造,其数目以及制造年月各字样,须连贯凿印分明,不得横糊零落。

试验铁轨,应搭铁架器具,以及人工各费用,系铁厂料理。至搭架基址,并搭架处所,以及如何搭法,如何试验,均遵验收员之意办理。试验后,不合用之铁块,铁厂不得索价。所用试验之铁架、铁竿下,应置坚固木料一块,平方十八英寸,将铁竿安插其上,其木块之下,应放石一块,厚二尺,以制撞击之压力。所用以撞击轨之铁块,其底直线不得逾二十四英寸。如铁厂欲以破玷废用之轨,为试验钢质之用,亦可准其照办。每次所制铁块之条数若干,丈数若干，与所用钢料若干，及制造日期，或日工，或夜工，均须登册记载明白，每日早晨照抄一份，呈验收员察阅。所制铁轨，于未交验收员之先，铁厂务自行筹选，将所有破玷之轨，另置一处，其合用之轨，经验证后，始得运载来粤。验收员验收，及试验所用器具、人工、费用，一切均铁厂自理，即化验一切费用，亦铁厂自理。所有驳还废轨，首尾装点红色为记，另置一处，如要移动时，应先告明验收员为是。

钢鱼尾片重应八十五磅。

铁厂应照附粘图式，制一鱼尾片模型，送总工程司处核准，并照制一模，呈验收员核准，经验收员写明准用，即行开铸。至工程司所核准模型，应由验收员交还铁厂，一面照铸模型两副，勒镌“广九铁路”字样，并注明重八十五磅，存工程司处照制，一副存验收员处，以后凡有所制之鱼尾片，均照此一律，不得参差。

鱼尾片须用钢料制成钢块，必须熔化至开花时，平面处不可逾六英寸，坠结处不可逾三十六英寸，而后制成长式钢块，首尾切去一尺，以期坚固。于钢料未冷时，照所定尺寸锯成钢片，再将钢片用机器击通四孔，并印成四凹。其钢片用压力平铺，首尾要平直，不得有痕迹，务期与所定尺寸相符。边旁亦应切平孔口，尺寸不得逾附粘图式所定者，孔内要停匀，不得大小参差。凿孔工程，须经验收员监督方可，恐其于凿孔时，有碍钢片，以致废用，并可监察孔边崎岖处，令其收拾完妥。所制鱼尾片，务须与核准原模形式，毫无差错方可。如轻重或逾至一百分之一分，均作废物。每副鱼尾片，应重170磅，每片内须载明CKR三字（即华文“广九铁路”），并注明重八十五磅，以及制造厂名与制造年月，将模配用压直机器，印成以上各字样，惟须趁铁片热时，印于四孔之间，较见分明。如验收员以字迹不甚明白，则当另换新模。所用以制片之钢料，每方寸所受拉力，少不能差至二十八吨，多不能逾至三十二吨。每十英寸，可以拉长至一百分之二十三分者，方为合用。鱼尾片于凿孔后及冻后，汇十吨为一束，每束中听验收员随意抽取五片，拗折试验，如中有未径拗至曲尺形式，便有破裂痕迹者，则全束概不堪用。每次熔化造片铁块，须由铁厂自行先取铁样，化验炭、磷两质成色若何。如炭质逾至一百分之十五分，或少至一百分之十分，磷质逾至一百分之七分半，则所熔化之铁块，均不适用。铁厂务将鱼尾片时刻详加化验，所化验成色，验收员未能满意，应听验收员将此等鱼尾片概行剔驳不用。鱼尾片应含成色列左：

炭质，不得逾一百分之十五分。

砂、养二质，不得逾一百分之十分。

硫质，不得逾一百分之六分。

磷质，不得逾一百分之七分半。

锰质，不得逾一百分之六十分。

化验鱼尾片期间，或应由验收员请炼矿司办理，其一切费用，亦归铁厂料理。

鱼尾片数目若干，与所用钢料若干，及制造年月，或日工。或夜工。应一一登册，每早照抄一分，呈验收员察阅。

所制鱼尾片，于未交验收员之先，铁厂务自行筹选，将所有破玷之鱼尾片，另置一处，其合用之料，经验收员验后，始得绑捆。铁厂须自备一种铁质器具，照图内所指处，将铁器具镶四个大钢钉，其钢钉直径应一英寸。此种器具，须经验收员核准以后，将鱼尾片安置其上，考验量准，配制螺钉之孔。若考验后，鱼尾片与铁器具相配不准，显与核准模样不符，不合章程所载，则此片即不合用。其验收与试验所需器具、人工、费用，一切均铁厂自理，即化验一切费用，亦铁厂自理。所有不适用之片，首尾装点红色为记，另置一处。如要移往他处时，应先告明验收员为是。凡鱼尾片经验准之后，趁冷冻时，用沸胡麻子油浸之，俟干后再用钢线捆成束，每束四片，以便交付，每十束照验收员所示标志为记。

钢狗夹钉

制狗头钉钢料，必须特别好料，照附粘图式铸造，不得有斑点裂痕，以及鱼鳞痕迹。

制狗头钉之钢料，每方寸所受拉力，应有二十五吨与二十八吨之间，每八寸应得拉长之水内之后，经拗折两次，均无破裂形式，方为适用。由钢制成狗头钉之数，乃可少于一百分之二十五分。其原钢条，不拘冷热与惠至镇红火度，放入法表八十二度后，亦当如是。钉头热时，用椎椎之，椎至钉头尺寸，比钉尾阔三倍后，而无罅隙破裂形式，方为合用。

制订钢样，验收员随时可以选取，以验拉力，并可随时拗折。如验之后，未能照以上效果，则凡属此等料件，概不得用，每条狗头钉之头，须镌明 CKR 三字（即华文“广九铁路”）。

所制狗头钉之钢料，试验之后，更当时时化验。化验后，如磷质、硫质、砂、养二质与锰质太多，概不合用。兹将应含各质成色列左：

磷质，至多至一百分之七分半。

硫质，至多至一百分之六分。

砂、养二质，至多至一百分之十分。

锰质，至多至一百分之七十分。

所有制钉钢料，应由验收员筹选，就该厂内监督试验，总工程司部或另请局外炼矿师，将制钉料样，再行试验。所有费用，均铁厂自理，即厂内化验与试验一切费用，亦铁厂自理，验收员应用所有器具及人工费用，亦应由铁厂备办。

狗头钉制成之后，经验收员核准验收后，铁厂仍须随时拂拭，勿致生斑。后用沸胡麻子油浸之，干后始行装入箱内，外用铁环绑捆。每箱贮满不可逾五百磅，箱面应载明所装何件，并重若干，以及记号。以上各字样，不得印制墨字，须用烙印照验收员所示办理。

光绪三十四年二月十二日

西历一千九百零八年三月十四号

总办李维格代汉阳铁厂　押

汉阳铁厂总办证见人颜　押

汉阳铁厂工程总理吕伯[1]　押

证见人颜　押

广九路局总办魏瀚　押

广九路局总工程司格鲁扶　押

总办并总工程司证见人赖德　押

（全汉升《汉冶萍公司史略》

香港中文大学 1972 年版，第 309—314 页。）

① 吕伯，铁厂德国工程师，一译作“吕柏”。

# 广九铁路与汉阳铁厂订造钢轨等件合约

[光绪三十四年四月呈部核定]

光绪三十四年二月十二日

西历一千九百零八年三月十四号

广九铁路总办并总工程司(此后条款,均称广九路局)与汉阳铁厂(此后条款,均称铁厂)立此合约。订立本合约,原为遵照所列条约料件、价目、铸轨章程,并照图式,代制以下料件,交付粤东应用。

计开:

钢轨一万三千五百吨(每码应重八十五磅)。

钢鱼尾片　六百七十五吨。

钢狗头钉　四百吨。

条约

一、现聘大英工程司(此后条款,均称验收员)一人,在汉阳铁厂,为广九铁路局代表人,其职守系验试所制料件,经其许可,而后装运。当制造材料时,铁厂应为验收员预备一切,俾便于试验。

二、广九路局与铁厂,若有争执合约意旨、条例价目、或章程各事,彼此应会请在华英工程司一人,持平论断,各宜听从。

三、所制各种料件，自签约日期起，十六个月内，装过到粤。吨款每种少不可过于四分之一，多不可过于一半。二十六个月内，将所需各料照数全缴。

四、铁厂倘非因天灾不测之故，竟不能按第三节内所限日期交料，广九路局自有权衡，立将第五节所载应留材料疑项二成，全行抹销，并将合约注销，铁厂不得异言。

五、验收材料，须照验收员所定件数，汇集成束，经其妥验之后，即由铁厂装运来粤。广九路局接到验收员所核准报关行收单，并保险公司保单，即照以下所列价目，付给八成，扣留二成，俟各料照约全办妥贴之后，将所留二成，再行给付。各料价目到左：

钢轨　每吨银五十二两(汉口津例银)。

钢鱼尾片　每吨银六十七两(同上)。

钢狗头针　每吨九十七两(同上)。

以上各件，运到粤省付交。

(《汉冶萍公司史略》第 314—315 页。)

# 汉冶萍煤铁厂矿记略

［李维格］

## 厂矿之历史

汉阳铁厂

光绪十七年，前任湖广总督张开办。

光绪二十二年，盛宫保招商接办。

光绪三十四年，合汉阳铁厂、大冶铁矿、萍乡煤矿，遵照商律股份有限公司之例，呈准农工商部注册，发给执照。

大冶铁矿

光绪二年　盛宫保勘得

萍乡煤矿

光绪二十四年　盛宫保开办。

## 矿产之测算

总矿师德人赖伦氏，测算报告大冶浮面之铁石。如每年采取一百万吨。可供一百年之用。若并大冶浮面以下之铁石,及萍乡等处属于本公司之铁山计算,是可供数百年之用。又报告萍乡之煤,如每年采用一百万吨,可供五百年之用。此系赖伦总矿师实测报告,并非用度之数。

## 铁石及煤焦之质地

大冶之铁石,含铁一百分之六十分外,七十分内。查英、德之铁石,约含一百分之三十分;西班牙之铁石,约含一百分之四五十分;美国、瑞典、俄罗斯之佳者,约含一百分之六十余分。

萍乡之生煤,含灰一百分之十一分以内,毫无硫磺。萍乡之焦炭,经英国化学名家史戴德氏考验,与英国最上等之德浪墨焦炭相等。

## 钢铁之质地

生铁　不独上海翻砂厂全用汉阳生铁,已无外铁进口;且日本及美国太平洋一带,亦喜用汉阳生铁,每年出口至日本者,为数尤钜,均有税关出口簿可查。

马丁钢　创办艰难,故旧时所炼之贝色麻钢,未尽如法,自光绪三十年派员出洋考查,始得窍要。现新钢厂所出之钢,外国工程师试验,无一不赞美称扬,叹为精品,均有凭据可查。

## 煤铁矿厂之估价

汉厂　基地房屋机器炉座各项,估价银一千二百二十七万两，又扬子机器制造公司股份银五万两。

冶矿　铁矿基地轮车机器房屋各项，估价银一千一百三十万两，武昌铁矿、兴国衡州锰矿，皆不在内。

萍矿　煤矿基地井窿洗煤机、炼焦炉、制造厂房屋各项，估价银一千五百五十万两。小花石煤矿、上洙岭铁矿、白茅锰矿，皆不在内。

汉冶萍所属码头栈房拖轮驳船，估价银一百七十五万两。

大共估价银四千八十七万两，皆有工程师吕柏、总矿师赖伦洋文估单为据。所存活本各物料，均在其外，戊甲年结账，约计所值之数，实倍于所用之数。

## 钢铁煤焦之销路

汉厂　中国海陆军将来需铁必多，目前以钢轨为大宗，各省铁路推广。纷纷定轨。尚有美国太平洋一带，及南洋各岛函电来询者。惜目前炉座太少，供应本国之需，尚不能敷，势难出口外销。宣统元年下半年起，除供应本国所需外，拟酌量运销外洋，俾知钢质之美，便再行扩充时，外洋市面，亦在手中。钢轨以外，尚有造船造桥钢板角钢等材料，各处亦纷纷来定，均须待至来年，方能肆应。尚有生铁，除销本国外，以日本销路为大宗，美国亦已销动，均有税关出口簿可查。

萍矿　煤焦以汉厂自用为大宗。此外日本亦喜用萍焦，销路日广。外国兵商各轮船及厂栈，及京汉铁路之用过萍矿块煤者，无不交口称赞，只要运得出，不怕无销路。

## 上年出货之吨数

汉厂　戊申年共出生铁六万六千吨，因初试马丁钢炉，仅出钢胚二万二千六百余吨，余售生铁。

冶矿　戊甲年共出铁石二十五万吨。

萍矿　戊申年共出生煤四十万吨，因上年焦炭积存过多，仅出焦炭九万二千余吨，余售生煤。

## 现筹小结束之规模

汉厂　大小化铁炉三座，每日（原“行”字，据陈真等编《中国近代工业史资料》第二辑上册改）约出生铁四百五六十吨，每年以十一个月计，约出生铁十四五万吨。大小炼钢炉六座，每日约出钢二百五六十吨，每年以十一个月计，约出钢七万吨。

冶矿　每年约出铁石五十万吨。

萍矿　每日出煤二千吨，每年可出生煤六十万吨，扩充后每年可出生煤一百万吨。大小洗煤机两座，每日可洗煤三千四百吨。目前炼焦炉二百五十四格，每年可炼焦十八万吨，扩充后每年可炼焦三十万吨，其余可提块煤销售。炼焦所得旁生物料，按西国炼焦一吨，除工料外，可得旁生物料余银五钱，并有煤油，正合制造煤砖之用。煤砖系最高等之燃料，合于火车兵轮之用，现有煤砖机器，每年可出煤砖五万吨,按售价每吨可金银一两。火砖厂制造各种熬火料出售,如焦炭炉砖热风砖烘钢炉砖。制造此项熬火料,火泥取之不尽,足以供用。

## 预筹大结束之推广

汉厂第四号大化铁炉,基址已造,俟销路有把握,一年半即可完工。共有大小四炉,每日便可出铁千吨,只须酌加钢炉,或贝色麻,或马丁,届时再定。所有钢货机器,本可预备出钢货千吨之数,如出口生铁繁盛,拟在大冶另造化铁炉数座,专炼生铁,以供国内外生铁之用;俾汉阳四炉,专供炼钢,可以就近制造钢货。至其时萍煤每日三千吨,只能专炼焦炭,以供化铁之用,必须扩充,每日另出生煤数千吨,以供各处汽沪之用,其发达何可限量。

(《东方杂志》七卷七期,宣统二年七月二十五日发行,第 59—61 页。)

(按:据陈真等《中国近工工业史资料》第二辑上册转载部分,标题为《李维格记汉冶萍》,知此《纪略》亦系李氏供稿——辑者)

# 在汉口商会关于汉冶萍厂矿公司招股的演说

李　维　格

［光绪三十四年十月初一日（1908年10月25日）汉口］

汉阳铁厂，为东亚空前之伟业，然溯其创立之艰危，局中人痛定思痛，虽今日效果已见，而犹谈虎色变也。南皮张相国，一代伟人，于十六年前，即经营此厂，盖横睇中原，知非铁路不足以致富强，非自造轨不足以塞漏卮；于是锐意精思，创设此厂，向英国定购机炉，为筑路之开道骅骝。其时公尚督粤，故初议在粤省布置。旋因移节两湖，乃于鄂省左近择地建厂，久之定厂基于汉阳，以其襟江带河，武汉对峙，商务荟萃，交通利便也。其时在光绪十七八年。毗陵盛宫保，壮年便喜研究矿务，光绪二年，曾率同英国矿师在长江上下游查察矿产，即勘得大冶铁山，峰岚回环，极目皆铁，然时机未到，徒然藏富于地而已。后适张相国设厂汉阳，天缘凑合，宝藏遂兴，良非偶然也。迨英厂机器抵汉以后，经营缔造，至光绪二十一年，始具规模，开炉鼓铸，然铁石则佳矣，尚需合于化铁之上品煤焦为燃料，方能冶炼如法，而湖北全省中，欲求可炼焦炭之煤，竟渺不可得。于是不能不远购欧洲之炭，而心力交瘁矣。至光绪二十二年，乃变官办为商办，毗陵宫保一肩任之，其气概不下南皮相国也。接办后，即以觅探佳煤为第一要义，旋得江西萍乡煤矿，派德矿师马克斯赖伦前往查验测勘，其煤适合冶炼之用，且绵延不断，脉旺而远，为环球不可多得之矿。于是派卢君鸿沧、张君韶甄先后驰往开办，披榛斩棘，凿破天荒，张君韶甄困厄于其中者，几及十年，卒至积劳不起，以身殉矿。今日现于地面，则厂屋连云，深入山腹，则煤巷如市，电车汽车之纷驰，轮船驳船之挽运，其如荼如火之观，外人之到此者，盖无不惊叹也。唯是宫保虽躬冒奇险，精思锐进，卒以西法炼铁，事非素习，无以得其窍要，计穷力竭，欲罢不能，于是用维格之言，派员出洋考查，以决进退。宫保即以责诸维格，辞不获命，于光绪三十年二月起程，由美而欧，周咨博访，计八阅月回华。出洋时携带大冶铁石、萍乡煤焦及汉厂所炼之钢铁，进退行止，全视此原料之化验为断。伦敦有钢铁会，为名人所荟萃，到英即踵访专家于会中，得史戴德者，为一国之望，遂以所携原料，交与化验。据其报告，大冶铁石白石，及萍乡焦炭，并皆佳妙。铁石含铁百分之六十余分，焦炭则与英产最上之品相伯仲。英国克利夫伦铁石，含铁仅百之二十余至三十分，德国密乃忒石同是，而各国争购之，西班牙毕尔宝铁石，亦仅百之五十分。故大冶之铁，实世界之巨擘也。据验汉厂造轨之钢，炼不合法，而零星钢件，则为精品。盖炼钢有酸法、碱法之别，酸法不能去铁中之磷，独碱法能之。钢中最忌有磷，大冶之铁石，含磷适多。而旧时炼钢，系用贝色麻酸法，背道而驰，宜其凿枘。沪宁铁路公司化验贝轨，亦谓其磷多炭少，不肯购用。而马丁碱法所制之鱼尾版等零件，称为上品，盖厂中本有一马丁碱法小炉也。乃诀从史戴德之议，废弃贝色麻酸法，悉改马丁碱法之炉，以去磷质。此十余年未解之难题，一朝涣然冰释者也。特是维格虽谙外国语言文字，于钢铁厂机器，亦略窥门径，而究非专家。此次出洋，遍观英、美、德各厂，购办各种最新最良机炉，得同伴英人顾问工师彭脱之力居多，该工师于此道，曾三折肱。在洋考察，既有把握，于是绘图贴说，广招英、美、德专门名厂投标，并与同行之萍矿总矿师赖伦，及新雇之工师等，一再讨论，剔破疑团，然后分别订定。归国后，激励同人，勇往从事，胼手胝足，四年苦功，于去冬十月告成出钢。外人之观厂者，惊为意外之事，报纸纷传，此厂矿开办及后来出洋考查、归国布置之大概情形也。惟机器良矣，炼钢有成效矣，销路何如？夫中国铁路，正当发轫之始，即铁路材料一宗，非汉阳铁厂大加扩充，势已不能肆应，而上海、香港以及南洋各岛等处船坞机器厂所用造船等料件，为数尤钜，现均仰给于欧美，而重洋远隔，购运费时，动须数月，方能应用，故均预储材料，以备缓急。大船坞储料，往往至数十万金之多，搁本搁息，所耗甚大。且存料之尺寸，非必用时所需之尺寸，剪裁之余，难免糜费。若汉厂一一能造，则一电订购，不及匝月，即可应用，尺寸大小，亦可照临时所需者拉造，其为便宜何如！故该船坞等无不乐用我钢，若能扩充肆应，东方钢铁之利，能出我掌握乎？日本不惜数千万巨款，经营制铁所，盖预料过此以往，钢铁之用，亦犹菽粟水火，不可一日缺也。苟我国以全力助举湖北之铁政，不但东方销路，入我掌握，并可广销于美国西滨太平洋各省。盖美之煤铁矿厂，均在东省，东西远隔万余里，铁路运费，每吨需美金十余元；而英国恃美之滨太平洋各省粮食，运粮而往，带铁而回，每吨只需运费美金三元左右，虽进口税重，尚较自东徂西之车运为贱矣。美国松木，为中东各国进口大宗，运木船只缺乏回载，现已运输我之生铁，每吨运脚，亦不过美金三元而已。美之铁厂，尽在东省，与欧洲仅隔一海，水运价贱于陆，故舍己之西省，转以欧洲为溢货之市场，其所售之价，辄视本国为贱。盖贱售得价，犹胜于搁本搁息也。苟汉厂钢铁货轴舻相继，由太平洋源源接运，则美之西省，必乐购不遑矣。汉厂前途既有荼锦之希望，萍乡煤焦之销路，其利亦不可预量也。溯当时创开萍矿，历尽险阻艰难，始有今日蓬勃之气象。盖该矿之大煤槽，在初开之安源西北，曰紫家坑，山势嵚奇，无运道可通，故就东南平坦运道可通之安源地方煤脉外现之处发轫开凿，直达紫家坑大槽，而山腹之内，石槅中阻，非洞穿不能达，钻打炸裂，百凿千捶[锤]，费数年之苦工血汗，始于前年直达大槽，其蕴藏之富，如入煤海矣。目前每日出煤一千五百吨，明年可增至三千吨，再阅三五年，汉厂发达，蒸蒸日上，则萍煤亦随之而盛，所炼焦炭，固深合化铁之用，而生煤经英、德兵舰试用，亦谓东方之无上上品，一俟运道疏通，汉口将为东方一大煤市，如日本之门司。目前所难者，湘江之浅滩耳。查萍潭铁路,计长一百九十四里,自萍矿直达湘潭之株洲水滨。株洲原为粤汉干路接线之点,萍潭筑至株洲者,为接干线也。株洲下游,浅滩甚多,天寒水涸,轮驳不能畅行,且因款绌,亦无力多造轮驳,故大半仍用民船驳载。而民船极其纡缓,风利帆张,尚可剋日而到;或遇风逆,往往中途耽延,船户粮竭,即私窃煤炭,售于沿途居民,而拌以浊水污泥,搪塞吨数,所以萍煤到鄂,优劣不齐,其劣者皆泥水所糅杂者也。为今之计,必改筑株洲之轨道,斜折以抵昭山,计程四十里。昭山以下,虽尚有浅滩,而已避其九十里曲折最难之水道,轮驳即可设法通行。运道一畅,尽用自有之轮驳裁载,则无糅杂之弊。汉口各公司江轮,固皆乐用萍煤,而外洋海舶之来汉者,亦免纡道往日本门司等处装煤回国,汉口不将为东方一大煤市乎!至粤汉铁路成后,全恃萍煤,更无论矣。此汉厂、萍矿销路之大概情形也。西报论汉冶萍事,谓中国煤铁,将角胜于世界市场,并谓此种黄祸,较之强兵压境,尤为可虑。呜呼!外人黄祸之说,不自今日始,当吾国创立海军时,即有此危言,曩则海军失败,今则商务失败,外人方谓吾中国妙手空空,无一足与抗敌,可洞开吾门户,以贯注彼溢出之货物,不意汉冶萍突然耸起,震惊其寤寐。夫中国之弱,在於门户之解严,何以言之?盖列强最虑漏卮,涓滴不以让人,如美、德、俄、法等之地大物博者,无不高抬进口税,以堵外来之货。值百抽百者有之,即其紧闭门户之上策。吾国海禁初开时,商约失算,进口税一项,任彼抑制，只能值百抽五，无自主之权，迄今不能修改。无疑乎列强商品，五光十色，捆载而来，以炫耀于我商市，使吾之金钱日益外耗。日本废旧约而抬税额，即所以固其锁钥也。我既无锁钥，洞开门户，束手以待，危矣哉！五都之市，百货云屯，睨视之，值钱者洋货也，我则室如悬磬，朽败杂陈，不值外人一顾，欲与之角雌雄，将持何物以争耶？中国积弊，在于生利者少，分利者多。一家之中，生利者仅一人，而兄弟亲朋，徒手环而仰食，勤者一二，惰者十百，销用之人，倍蓰于生产之人而不止，中国于是乎始穷。由穷而之富，其道无他，人人皆有生利之心，勿使利源外溢而已矣。今日汉冶萍三大业，即中国挽回利权、抵制洋货之根本也。外人视线，眈眈环注，大有寝不安席之态，若我国人对待如此创造艰难、侥幸成功之伟业，亦以平淡视之，漠然不动于中，则我国事真无可为矣。呜呼！亦知图富牟强，万牛回首，**拯中原于涂炭，登亿兆于康庄**，胥赖此一方面乎！卧薪尝胆，已有前人；鼓掌磨拳，望之来者。凡我国人，尚其眷顾大局，集腋成裘。千钧之系，一发勿任危悬；九仞之山，一篑请君助力。翻东半球阘茸之旧局，作西半球灿烂之奇观。群策群力，齐向煤铁世界展动地惊天之事业，此则维格所朝夕祷祝者也。

（《东方杂志》七卷七期
《中国调查录·汉冶萍煤铁厂矿记略》）

# 阳铁厂总办李维格在汉冶萍煤铁厂矿有限公司第一期股东会议上的报告

［宣统元年四月初十日（1909 年 5 月 28 日）］

维格于光绪三十一年三月二十一日接办厂务，兹查得自二十八年起，出铁用炭数目于下：

二十八年，共炼生铁一万五千八百吨零五百记罗[①]，共用焦炭二万四千三百零六吨二百一十记罗，计炼铁一吨，通扯用炭一吨五百四十记罗。

二十九年，共炼生铁三万八千八百又十三吨一百八十记罗，共用焦炭六万四千二百九十八吨一百八十记罗，计炼铁一吨，通扯用炭一吨六百五十记罗。

三十年，共炼生铁三万八千七百七十吨零五百七十记罗，共用焦炭六万七千七百二十七吨七百记罗，计炼铁一吨，通扯用炭一吨七百五十记罗。

三十一年，共炼生铁三万二千三百十四吨三百五十记罗，共用焦炭五万零八百八十九吨七百零九吨[②] 记罗，计炼铁一吨，通址用炭一吨五百七十记罗。

三十二年，共炼生铁五万零六百二十二吨一百七十

① 记罗 Kilo，即公斤，千克；中文音译。
② 此“吨”字乃衍文，当去之。

五记罗，共用焦炭七万姑[1] 千五百零八吨六百七十记罗，计炼生铁一吨，通扯用炭一吨四百五十记罗。

三十三年，共炼生铁六万二千一百四十八吨二百五十记罗，共用焦炭七万四千五百十四吨二百五十记罗，计炼铁一吨，通址用炭一吨二百记罗。

三十四年，共炼生铁六万六千四百零九吨七百七十五记罗，共用焦炭七万六千四百五十吨零二十记罗，计炼铁一吨，通址用炭一吨一百五十记罗。

宣统元年元月，共炼生铁五千五百四十八吨六百四十记罗，共用焦炭六千一百八十五吨零三十记罗，计炼铁一吨，通扯用炭一吨一百二十记罗。

二月，共炼生铁六千六百七十七吨四百二十记罗，共用焦炭七千零二十三吨四百二十记罗，计炼铁一吨，通扯用炭一吨零五十记罗。

闰二月，共炼生铁六千二百五十三吨三百五十记罗，共用焦炭六千五百十吨二百五十记罗，计炼铁一吨，通扯用炭一吨零四十记罗。

此历年以来出铁用炭之程度也。维格自外洋考查回国后，终想办到炼铁一吨，用炭亦一吨，今以前月出铁用炭而论，幸已如愿，且厂中收炭时，扣除炭中所含潮湿，则炉中用炭时，亦应扣除，实则尚不到一吨。再所出之铁，翻砂熟铁十居其九，故用炭多。一俟大钢炉五座完备，第三号大铁炉开炼，则所出之钢铁，用炭尚可减少，每吨生铁

---

① 原文如此。

成本必可大减。将来第四号大铁炉造成,以四炉溢出煤气,化生电力。自用之余出售于人,则生铁成本更轻,其利不可胜言矣。

钢厂弃旧更新,于三十三年冬始规模粗具。兹将出钢之数开列于后:

三十三年,出钢八千五百三十三吨五百记罗。

三十四年,出钢二万二千六百二十五吨九百六十记罗。

宣统元年正、二、闰三月,出钢七千八百二十七吨二百记罗。

维格三十年出洋,三十一年三月接理厂务。新钢厂机器炉座于三十一至三十三年陆续运到,三十三年虽已规模粗具,而新机新炉初用生涩,均须一一试验摸索。一年以后,幸机炉之性均已摸熟,华匠天生颖悟已入彀①中。去年只有钢炉三座,现第四座五月间可以告竣,第五座年内立可竣事,旧有小钢炉一座,另迁他处。目前每日均可出钢一百七十五至二百吨。五月第四座成,约二百五十至二百七十五吨,第五座成,约三百二十五至三百五十吨。而第三号生铁大炉,其机器于三十四年陆续运到,现已十成八九,约九十月开炼。是则年内全工告成后,共有大钢炉五座,小钢炉一座,生铁大炉一座,生铁小炉一座,于此作一小结束,以待时会之来,再行扩充,此所拟铁厂目前结束之办法也。查照此结束,约尚需银八十万两,另有清折

---

① 原书作“枪”,误,当系“彀”字形近之刊误,今改之。

备查。

钢铁质地，欧美行家均称为精品，生铁行销已远至美国、日本及南洋各岛，而上海翻砂厂已唯汉阳生铁是用。至于钢质，现有广九、津浦铁路工程在厂验收钢轨等货，该工程师验钢已有三十年之阅历，据云，汉厂之钢无能出其右者，分携来钢样，曾经该工程师验过，请诸君一品评之。

生铁销数可望年增一年。兹将历年所销数目开列于后：

三十一年销一万七千三百七十九吨。

三十二年销四万五千零七吨。

三十三年销三万二千六百十七吨。

三十四年销四万三千八百二十九吨。

查美国为出铁最多之国，兹将近三年所出生铁数目开列于后：

1905 年，共出生铁二千二百九十九万二千三百八十吨。

1906 年，共出生铁二千五百三十万七千一百九十一吨。

1907 年，共出生铁二千五百七十八万一千三百六十一吨。

美国出铁如此之多，进口税又极重，而欧洲各国生铁尚源源运入，近且汉阳生铁亦争竞而往，可见铁之为用广矣。

钢轨销数亦必年增，兹将已运未运之数开列于后：

三十三年运出二千二百二十四吨。

三十四年运出一万四千九百四十二吨。

业已订定而尚未运出者，共五万八千九百四十三吨。

（陈真编《中国近代工业史资料》第三辑，三联书店 1961 年版，第 419—421 页。引自 1909 年 5 月 28 日《时报》。）

## 就美国向汉阳铁厂购铁矿

### 致日本驻大冶技师西泽函

西泽先生阁下：前日在冶畅谈为快。回厂后接到盛宫保寄来售卖矿石释义，嘱寄台端，以便带回贵国解释此事。兹特寄奉，即祈察收。弟向来办事，于公理之外，最喜参以情意，故非万不得已，不愿当即据理直争。况尊处与敝处交谊更非恒泛可比。故尊意第一次美国船只驶业装载矿石时，或是台驾锦旋尚未回冶之前，商将此第一次矿石暂在汉阳装船，俟阁下驾到东京当面解说明白，再至冶装，以免误传失实，致阁下为难，自无不可通融。此第一次美国矿石船只来装时，如在台驾尚未回冶之前，遵当暂在汉阳，以副雅意①。好在从者下月即抵东京，一说便可明白也。专泐奉布，敬颂行安。

愚弟李维格顿首

宣统二年三月十四日(日历四月二十三日)

(以下本类资料除标注外，均见《旧中国汉冶萍公司与日本关系史料选辑》，武汉大学经济学系编，上海人民出版社 1985 年版。)

① 据 Robert Dollar: Memoirs of Robert Dollar 一书 1918 年版，p. 144 中一幅轮船照片说明："此维西·大来号轮船正在汉阳铁厂装载生铁，1910 年 5 月 27 日"，"这是第一批生铁货物从中国船运到美国"。

# 日本制铁所与汉冶萍公司订售购生铁草合同

［宣统二年十月初六日(1910年11月7日)］

〔草合同〕

日本制铁所(此后称制铁所)向汉冶萍煤铁厂矿有限公司(此后称公司)购定生铁条款开列于左〔下〕:

一、宣统三年即明治四十四年起,至宣统六年即明治四十七年止,此四年内制铁所愿购、公司愿售每年生铁大约一万五千吨之谱,每年预于年前彼此将次年购售之数订定。至明治四十八年即宣统七年一年,制铁所愿购、公司愿售生铁大约八万吨。至明治四十九年即宣统八年起,每年制铁所愿购、公司愿售生铁大约十万吨,以十年为期,至明治五十八年即宣统十七年底止。期满后彼此可再议续展十年,仍每年大约十万吨。

二、在汉阳船面交货,或他处船面交货。订定每吨生铁价日本金二十六元。所谓他处者,系指扬子江内地方。

三、汉阳每年装船七万吨,他处即冬令轮船可到之处,每年装船三万吨。所谓冬令轮船可到之处,系指扬子江内地方(如芜湖等处)。

四、生铁之化验分数,彼此商定,另开清单,总以马丁盐基法(Siemens-Martin Basic Process)合用为度。

五、每次所交生铁吨数,以在制铁所过磅为准、由公司派人驻扎该所，会同过磅。

六、轮船装货运至制铁所会磅收清后，即将收到数目电告公司，即于本日将价付与公司指定之银行。如遇银行不办事之日，即于银行收款之日付款。

七、汉阳尚未建设码头以及起重机器之前，每日装船以六百吨为度。俟码头机器建设后，每日装船以一千二百吨为度。将来在他处交货亦然。惟礼拜日、封关日以及他轮不装货之日，及大风大雨不能装货，不在此例。倘汉阳于他轮不装货之日仍行装货，须将此格外多装之货摊算，以补或有每日不足所定之数。

八、装船时彼此派人取样封储两匣，一存制铁所，一存公司。如因化验分数争执，可将封存之两匣，交彼此商定之局外化验师化验定断。

九、如遇天灾，炉座机器出险，工人罢工以及因各项人力难施之事，公司不能交货，制铁所允无异言。

十、彼此解释合同词义，如有意见不合之处，可照通行之公正人评判例，彼此各请公断人评断。

十一、此合同一式三份，公司之总理执一份，汉阳铁厂执一份，制铁所执一份。

宣统二年十月初六日

明治四十三年十一月七日

大清国汉冶萍煤铁厂矿有限公司总理　盛宣怀

协理　李维格

大日本国制铁所长官男爵　中村雄次郎

〔**附件一**〕

再，本日制铁所与公司订定购售生铁合同，兹因多购生铁，即须多搭矿石搀用，自明治四十九年即宣统八年起，每年制铁所加购公司矿石十万吨，其年限与化验分数及价值，悉照明治三十三年即光绪二十六年及明治三十七年即光绪二十九年彼此所订合同办理，惟不必指定何处矿石，总以公司所属相仿佛之矿石供足此数为度。立此附件声明。

明治四十三年十一月七日

宣统二年十月初六日

大日本制铁所长官男爵　中村雄次郎

大清国汉冶萍煤铁厂矿有限公司总理　盛宣怀

协理　李维格

〔**附件二**〕

再，本日制铁所与公司订立之购售生铁合同第一条内开："明治四十八年制铁所愿购、公司愿售生铁大约八万吨，至明治四十九年起，以十年为期，每年大约十万吨"等语，现另立合同附件声明：虽有"大约"二字字样，然上下数目不得过一二万吨之谱，以便彼此可订预算。其上下数目，每年预于年前，彼此将次年之数订定，立此附件声明。

明治四十三年十一月七日

宣统二年十月初六日

大日本制铁所长官男爵　中村雄次郎

大清国汉冶萍煤铁厂矿有限公司总理　盛宣怀

协理　李维格

〔附件三〕

再，本日制铁所与公司订立之购售矿石附件内开："自明治四十九年即宣统八年起，每年制铁所加购公司矿石十万吨"等语，现另立附件声明系大约十万吨之数。但虽有"大约"二字字样，然上下数目不得过一二万吨之谱，以便彼此可订预算，其上下数目，每年预于年前彼此将次年之数订定，立此附件声明。

宣统三年三月初二日

明治四十年三月三十一日

大清国汉冶萍煤铁厂矿有限公司总理　盛宣怀

协理　李维格

大日本国制铁所长官男爵　中村雄次郎

代理　西泽公雄

## 致日本若松制铁所长中村雄次郎函

若松制铁所长官台鉴，径复者，接展来函，内开：敝所与贵公司本日所订之合同系草合同，至迟明年日历三年敝国议院通过后再行签定正合同。惟所有条款，悉照此次草合同所开，不再更改等语。敝公司自当照办。惟贵所既须俟议院通过再行签定正合同，则敝公司亦当交董事会通过再行签定正合同可也。顺颂台祺。

汉冶萍煤铁厂矿有限公司总理　盛宣怀

协理　李维格

宣统二年十月初六日

若松制铁所长官台鉴：径启者，兹所面议光绪二十九年，即明治三十七年所订矿石价格，系订定十年；现拟将前开合同所载之价格及本日续订宣统八年起之矿石价格，均订定十五年。惟前合同十五年可将已过之五年扣除，敝公司自当照办，仍祈示复存查。顺颂台祺。

汉冶萍煤铁厂矿有限公司总理　盛宣怀

协理　李维格

宣统二年十月初六日

制铁所长官台鉴：径启者，敝公司将来所出生铁及矿石两种日多，除供本国及敝公司自用及本合同签字之前敝公司与人所订定之合同函件及寻常装运至外国之生意不计外，如再有多余生铁矿石两种，于本合同未满期内，欲与人议订年期较长久及大批生意合同，当先尽问贵所愿否购买，如不愿再购，敝公司即售与他人可也。顺颂台祺。

汉冶萍煤铁厂矿有限公司总理　盛宣怀

协理　李维格

宣统二年十月初六日

若松制铁所长官台鉴：径启者，敝公司与贵所于本日订定售购生铁合同，承询扩充之费约需若干，如何筹画，愿借巨款相助，至纫交谊。查敝公司厂矿经此次订定合同之后，自须即行扩充，方能按照合同交货。其扩充等费约计需银二三千万两之谱。惟此款并非一时需用，敝公司拟先尽用本国之款，如本国之款难筹，再行妥酌借用外款，此敝公司筹划扩充之费之办法也。至本日所订合同签字后，拟请预付定银日本金五六百万元，即在铁价内陆续扣还。未还以前，周年六厘计息，即祈示复为荷。顺颂台祺。

汉冶萍煤铁厂矿有限公司总理　盛宣怀

协理　李维格

宣统二年十月初六日

（《汉冶萍公司紧要合同汇编》（公司内部刊印本）卷二；《日本外交文书》第四十三卷，第二册，文件号660）。

制铁所台鉴：径启者，宣统二年十月初六日敝公司与贵制铁所订售购生铁草合同及附件内开之生铁矿石，并未载明用何国吨量。兹特声明：生铁应照英吨，每吨二千二百四十英磅；矿石照法吨，每吨一千启罗可也。

宣统三年三月初二日

明治四十四年三月三十一日

大清国汉冶萍煤铁厂矿有限公司总理　盛宣怀

协理　李维格

（公司《杂志》9 号；《日本外交文书》第 44 卷，第 2 册，文件号 579。）

## 〔暂借日本横滨正金银行600万日元借款合同及附件〕

今据明治四十三年十一月二十九〔八〕日日本制铁所长官男爵中村雄次郎所复中国汉冶萍煤铁厂矿有限公司(此后称公司)宣统三年十月初六日致制铁所函内称:明年三月售头生铁正合同签押以前,需用资金,公司随时向横滨正金银行北京分行(此后称银行)商借可也等语。兹银行与公司订定借款合同如下:

一、银行应将日本金陆百万元借与公司。

二、此借款公司需用之时,须于十日以前知照上海正金银行,自第一次交款之日起至五月三十一日以前,每一星期限伍拾万元,或按照上海正金银行买进电汇之价核算,在上海交付公司之总公司,或公司需用日金亦可在横滨交付。倘若银行在一星期内能交与伍拾万元以上,即可照办。

三、此借款订定年息六厘,自交款之日至明治四十四年五月三十一日即华历宣统三年五月初四日为期。

四、届期应还本息仍由上海公司之总公司,或按照当日上海正金银行卖出日金电汇挂牌之价揭〔结〕算;或公司在日本还清本息,均可听便。

五、如公司在上海用款还款,可与银行预先订定汇价，不必拘定收付款项之当日汇价。

六、此合同一式四份，银行执二份，公司执二份。

宣统二年十二月二十六日

明治四十四年正月二十六日

汉冶萍煤铁厂矿有限公司总理　盛宣怀印

协理　李维格印

横滨正金银行北京分行总办　实相寺贞彦印

〔函件一〕

横滨正金银行台鉴：径启者，本日敝公司与贵银行签定之日金陆佰万元借款合同，此款敝公司原指制铁所预付铁价定银日金六百万元抵还。如敝公司与制铁所于日历本年三月即将彼此前订草合同之正合同签定，自当按照本日合同于五月三十一日将贵银行所借日金陆百万元本息付还。若正合同三月内不能签定，则应展期一年至明治四十五年五月三十一日再行将制铁所预付铁价定银付还，用特函订，即希示复为荷。专泐顺颂日祺。

汉冶萍煤铁厂矿有限公司总理　盛宣怀

协理　李维格

宣统二年十二月二十六日

## 〔预借生铁价值正合同〕

第一款，大清国汉冶萍煤铁厂矿有限公司（此后称公司）照明治四十四年三月三十一日即宣统三年三月初二日与大阪日本国制铁所（此后称制铁所）所订售买生铁合同及其附件并函件，订借大日本国有限公司横滨正金银行（此后称银行）日本金币六百万元，以十五年为期，自交款之日起算，按年六厘行息，定于每年六月十五日、十二月十五日两次付息。

第二款，本借款定自明治四十四年起至明治四十七年为止，每年单付利息。自明治四十八年起以后每年付利还本，即于此年六月十五日还本日金二十五万元，十二月十五日还本日金二十五万元。自明治四十九年起至明治五十八年止，于每年六月十五日还本日金二十七万五千元，十二月十五日还本日金二十七万五千元。

第三款，此次借款言明以制铁所按年购买公司生铁价值给还本息。

第四款，如公司愿将此次借款之本全数或尾数全数付银行，可以照办，惟须于六个月前预先知照银行。

第五款，制铁所允将每次应付生铁价值径交银行，即取银行收条交到公司，以为付价之凭据。银行允收到生铁价值时，将其收款清单交到公司，即以银行收到之款作为付还借款利息之用。

第六款，银行收到制铁所生铁价值款项，应须先付息，后还本，利随本减。

第七款，第一款所开十五年期满，本项如有尾数未清，公司自应将别项现款照数付清，以完债务。

第八款，彼此解释本合同或附件词义，如有意见不合之处，可照通行之公正人评断例，彼此各请公正人评断。

第九款，本合同及附件缮写中文、日文各六份，制铁所、公司、银行各执各文二份，以为凭据。

大日本国明治四十四年三月三十一日

大清国宣统三年三月初二日

大日本国制铁所长官男爵中村雄次郎代理　西泽公雄

大日本国有限公司横滨正金银行代表者董事

小田切万寿之助

大清国汉冶萍煤铁厂矿有限公司总理　盛宣怀

协理　李维格

# 就予借生铁价值正合同致日本横滨正金银行函

横滨正金银行台鉴:径启者,本日敝公司与贵行所订预借制铁所所购敝公司生铁价值日币六百万元合同及附件内开期限年月系照历计算。特此具函声明,即祈示复!顺颂日祉。

汉冶萍煤铁厂矿有限公司总理　盛宣怀

协理　李维格

宣统三年三月初二日

横滨正金银行台鉴:径启者,宣统二年十二月二十六日,即明治四十四年一月二十六日敝公司与贵行北京分行订有借款日币六百万元合同,现敝公司既于本日与制铁所订定售买生铁正合同,并于本日与贵行另订预借生铁价值六百万元合同,则宣统二年十二月二十六日即明治四十四年一月二十六日所订合同之日币六百万元,即移作本日敝公司与贵所订合同之六百万元,并非另外一款,前订合同即行作废。至于此六百万元之利息,自应照前订合同交收款之日起算,并接续本日所订合同于本年阳历六月十五日照付可也。顺颂日祉!

汉冶萍煤铁厂矿有限公司总理　盛宣怀

协理　李维格

宣统三年三月初二日

## 〔预借生铁价值续合同〕

第一款　大清国汉冶萍煤铁厂矿有限公司(此后称公司)前于明治四十四年三月三十一日即宣统三年三月初二日与大日本制铁所订有售买生铁合同及其附件并函件,今为推广工厂及工程起见,以其生铁价值作抵,向大日本国有限公司横滨正金银行(此后称银行)订借日本金币一千二百万元,以十五年为期,照阳历计算,自交款之日起,按年六厘行息,定于每年阳历六月十五日、十二月十五日两次付息。

第二款　此借款一千二百万元,分三年由银行付交公司。明治四十四年八月底付交公司二十五万元。此后如何分期交付之处,由公司与银行随时商量;但公司需用巨款,必得于两个月前预先知照银行预备。

第三款　本借款定自明治四十四年起至明治四十七年止,每年单付利息。自明治四十八年起以后,每年于阳历六月十五日,十二月十五日付利还本,分十一年摊还,自明治四十八年起至明治五十七年,每年还本日金一百零九万元,明治五十八年还本日金一百一十万元。

第四款　此次借款,言明以制铁所按年购买生铁价值(除先尽付还明治四十四年三月三十一日所订合同借款六百万元之本利外)及他人或公司在日本所售生铁价值给还本付息。如公司将来查明在日本北海道室兰设炉炼铁,于公司合算,可以实行,则公司在室兰所售之生铁价值,亦可交付银行,作为本借款付息还本之用。如以上生铁价值不敷付息还本，即以汉阳铁厂所存焦炭抵付。

第五款　此借款并无抵押，但公司亦不将公司所有汉阳、大冶两处现在及将来一切产业抵押他国借款，如将来欲将此汉、冶两处产业抵押借款，须先尽银行。但公司如将汉冶萍产业抵押与中国度支部、币制局或大清银行，以公司债券抵借中国国家钞票，可以照办，其汉、冶两地产业，不必先尽银行。

第六款　如公司欲将萍乡煤矿产业抵押他国借款，或以萍乡煤矿产业抵押他国，发售公司债票；则公司亦须将汉、冶产业作为明治四十四年三月三十一日银行借与公司之六百万元及本合同借款之抵押，或抵押与银行，照他国一律发售公司债票。如公司欲将萍乡煤矿之售卖煤焦价值向他国抵付借款本息，或发售公司债票；应照本合同第五款不以产业抵押借款之意，不以萍乡煤矿产业抵押，则公司可以照办。

第七款　如公司招足股本或做到第五款后段所开办法，愿将此次借款之本，全数或尾数全部付还银行，可以照办，惟须于六个月前预先知照银行。

第八款　制铁所允将每次应付生铁价值径交银行。即取银行收条交到公司，以为付价之凭据。银行允收到生铁价值时，将其收款清单交到公司，即以银行收到之款作为付还本借款本息之用，他人或公司在日本所售公司生铁价值及公司在室兰所售生铁价值，亦照以上办法一律办理。

第九款　银行收到制铁所生铁价值款项及第八款后段所开生铁价值，应须先付息，后还本，利随本减。

第十款　第一款所开十五年期满，本项如有尾数未清，公司自应将别项现款照数付清，以完债务。

第十一款　此合同及收款收据须由公司总理、协理会同公司董事签字，收款时须声明用处实系公司推广工厂及工程之用，方允照付。

第十二款　此合同及附件函件，俟公司银行各董事通过及制铁所允照办理，公司董事在本合同签字，即作为正合同及正附件函件，银行与制铁所函致公司为凭，但不能再改字句。如公司、银行各董事不允通过及制铁所不允照办，此合同即行作废。

第十三款　此次借款系以货价抵付本息，系属商务往来，如有意见不合之处，可照通行之公正人评断例，彼此各请公正人评断。

第十四款　本合同及附件函件排印中文日文各六份，制铁所、公司、银行各执各文二份，以为凭据。

大清国宣统三年四月初三日

大日本国明治四十四年五月一日

大日本国制铁所长官男爵中村雄次郎代理　西泽公雄

大清国汉冶萍煤铁厂矿有限公司总理　盛宣怀

协理　李维格

大日本国有限公司横滨正金银行董事　小田切万寿之助

〔**附件一**〕

再本日公司与制铁所及银行预借生铁价值续合同内未经详载办理条款，开列于左〔下〕：

一、自银行收到本合同第八款所开生铁价值之日起，银行允照银行当时活期存款之利率付给回息。尚有存三个月或一个月以上之款，而公司愿将此款商作定期存款，银行应允照当时银行公定之利率付息。若公司愿将此款移存至中国内银行之各分行，银行须听其便，但不得有碍付利还本。

二、银行允收到本合同第八款所开生铁价值款项，除足敷其年应付本利之数外，其余之款，应由公司随时提用。

三、公司愿将此事款项由日本汇寄中国或外国，或由中国汇寄日本银行，须照当日银行卖出电汇办理。若公司在中国愿收在日本之款，银行之在中国分行须照当日买进日金电汇办理。但其汇价照本日市面可以办到于公司最便宜之价核算。惟公司可于汇款之前，无论何日，与银行订定汇价，或公司有在日本须付金款，并非移存他处或移交他处汇寄者，公司可嘱银行径拨。

明治四十四年五月一日

宣统三年四月初三日

汉冶萍煤铁厂矿有限公司

总理　盛宣怀

协理　李维格

有限公司横滨正金银行董事　小田切万寿之助

# 就予借生铁价值续合同致日本横滨正金银行函

横滨正金银行台鉴：敬复者，兹接来函内开，本日所订合同第四款内开，此次借款，言明以制铁所按年购买生铁价值及他人或公司在日本所售生铁价值，给还本息等语。现在日本代售贵公司所出生铁，系属何人，每年所售生铁，其数若干，代售合同几年为期，期满是否续办，即希见复，如将来代售换人，或贵公司自办，仍希随时知照银行可也。再者，本合同第八款后段开：他人或公司在日本所售公司生铁价值及公司在室兰所售生铁价值，亦照以上办法，一律办理等语。俟此合同作为正合同时，乞由贵公司即知照买卖生铁人等，将来将生铁价值径交银行总行及在日本各支行为荷云云。敝公司现在日本代售生铁，系三井物产会社，每年得售生铁三、四万吨，此代售合同，尚有一年。拟展期四年，公司自当知照三井物产会社及其余在日本买卖生铁人等，此后所有生铁价值径交贵行总行及在日本各支行，作为本日所订合同借款给还本息之用，至于将来代售换人或敝公司在日本自售，亦当随时知照贵行也。此复，顺颂日祉。

宣统三年四月初三日

汉冶萍煤铁厂矿有限公司总理　盛宣怀

协理　李维格

制铁所台鉴:径复者,兹接来函内开:敝所拟与贵公司约定,如制铁所或汉阳铁厂彼此有机炉出险之事,一时不能制造钢货,如彼此情愿代造,而彼此之力亦可能做到,且比较价值相宜,货色亦能合用,拟由彼此代造,并设法使此钢货容易往来,以收通工易事之益;但如有窒碍难行之处,即作罢论。如何之处,即祈示复等语。敝公司为通工易事起见,自当查照来函办理可也。顺颂日祉。

汉冶萍有限公司总理　盛宣怀

协理　李维格

宣统三年四月初三日

(《日本外交文书》第四十四卷,第二册,文件号582附件。)

# 告汉冶萍公司同人书

［宣统三年九月初三日(1911年10月24日)汉口］

同人均鉴：启者，昨接总公司董事会来函云："自鄂省局面一变，厂矿机关，市面金融均已停摆，股东债主惊惶失措，纷纷追问办法，而尤以外债为最关紧要，董事会相隔遥远，信息阻滞，目前厂矿究属如何情形，无从悬揣，必得阁下亲自前来报告股东，听候各股东公定办法，务请见信速行，免致悬望。至于铁厂一切事务，必须有人暂代经理，惟华商纷纷适避，自顾不暇，其不迁避者，只有洋商，只得暂托洋行照料，而洋行中则以三井为最宜。盖该行与厂交易最久，定购厂货最多，预借货款亦最巨，熟悉厂中情形，委托暂代经理，较能接洽，请即查照办理，交代该行后速速启行，勿迟为要。厂中员司、工匠能散者暂行遣散，必须酌留者，令至租界暂避，以免两军开战时之伤害，俾公司可对各人家属。租界为局外中立之地，当无炮火之患也。厂中暂行停工，托三井派人看守，一俟平靖，再商开工办法"等语。以上系总公司董事会来函，特此通知，即请同人查照办理。惟停工一层，电机厂势难照办，应仍照常开工可也。专布，顺颂均祺。总办李［维格］启。九月初三日。

# 李维格日记

［辛亥年八月二十日至九月三日
（1911 年 10 月 11—10 月 24 日）北京—汉口］

二十日，晴。早，补公①来函，鄂省有乱事，应否即回云云。当约虎侯②同至补公宅，一询其详，见鄂督电奏稿，谓“革党本约起事，幸早侦悉，得以不动声色，捕获党魁正法”等语，阅毕，以为事已过去，即与虎侯同回寓所，商酌厂事。迨十一钟，补公处又来电话嘱速往晤，知事必有变，仍偕虎侯同往，补公出示英文电报，骇悉武昌省城失守，鄂督出避。不旋踵之间，即有此变，殊出意料之外。闻施省之有专车回汉，即与虎侯同觅省之，约定同行回寓，料理一切，当晚十钟开车。

二十一日，晴。车过邯郸，发补公电，请电鄂派荆、襄水师泊厂，北兵到后，再派二、三百名驻厂保护，而午后省之接铁路南局电，云汉阳两厂已失，嘱在离汉远处下车，一夜反侧不成寐。

二十二日，晴。早，到刘家庙，知大智门尚可下车，故车仍前进到汉，始知铁厂尚未侵及，所谓两厂已失者，兵工、钢药两厂耳。当即到厂，悉兵工厂被据后，即架炮于大

① 补公，即盛宣怀。
② 虎侯，即林虎侯，时任萍乡煤矿总办。

别山，昨有官军兵轮驶至山前，山炮轰击之。我厂同人出避，厂即停工，目前最要者，发给匠工之工食非现银元、现铜钱不可，无论市已停止往来，无款可挪，纵使有款，银元、铜钱亦无处可兑，即外国银行亦只有锭银，而无银元，此实棘手之事。阁臣[①]云，出事后即已电沪，嘱陈止澜[②]速运银元、铜钱各四万济急，日内应可到汉，只好姑俟之。一面设法办米，一面暂发匠工每名每日钱一百五十文，以举炊火，且顾目前。余即检束厂矿地契、山契送至汉口，觅妥便带沪。

二十三日，晴。汉口商会约余与英租界代表商酌，有无不使汉镇为战地之策，英代表允与英领事商，然恐无济。至铁路局、扬子公司及萍局[③]接洽一切，奔波竟日，惫甚，终夜反侧不安。

二十四日，晴。早，至三井晤丹羽[④]，商酌我厂与该行往来事。正议论间，忽该行有人来云，电报局停止收发电报，丹羽与余闻之而惊，盖外国官商视信息灵通最为重要，电报停止，则外人难留，势必相率弃去，而财产与贸易之损失，则索赔偿耳。然租界一动则大乱，即至焚杀枪夺，将不可收拾，即驰至省之处商酌办法，速请部允，将电局移至租界，专事收发外人电报，以免租界摇动，庶商民尚有存顿之处。

---

① 阁臣，王勋之字，王宠惠之兄，时为汉冶萍总公司大冶铁矿商务部长。
② 陈止澜，名荫明，时为大冶铁矿商务部副部长，驻沪办事。
③ 扬子公司及萍局，指汉口扬子机器公司与萍乡煤矿局，均汉冶萍总公司所属。
④ 丹羽，指日本三井洋行汉口分行副经理丹羽义一。

二十五日，晴。上海银元、铜钱未到，而匠工之工食已推诿数日，无可再延，若一哄闹，则事将更难措手。昨至德商捷成洋行，无意之间闻其有大批银元到汉，设法与之商借十万元，素无往来，空手挪移，竟得允诺，其情可感。此款到手，乃得以发给匠工及萍、汉两处轮驳工食。适冶局同时领款，亦需银元，赖以一一应付无缺，否则危矣。阁臣得止澜函，上海谣传同人逃散，故银元、铜钱并未装运，若无捷成一款机缘凑合，何堪设想耶。晚，到厂会商遣散工匠办法，议而未断。

萍、汉轮驳彼借此夺，不由分说，且严词诘责，腹背受敌，其实均强硬取去，我何能自主？但轮驳已于去年抵押俄、法银行，如有损失，又将何如？适该银行等来函询及，一再思之，只有改悬俄、法旗帜之一法，即晚签定。焦灼一日，已将夜半，正欲稍事静摄，而汉口潘毓初[①] 电话，谓接彼中公文，严责萍局接济官军兵舰之用煤，而实则煤船泊于租界左近，备交洋行商船之用，为兵舰小轮自行拖去。毓初问我办法，答以时已夜半，只好明早到汉口面商矣。

厂中洋员、洋匠于廿一日到汉口，今日全班赴沪，暂为安顿，再定办法。

二十六日，晴。萍来煤焦，麇集襄河鲇鱼套，久不起卸，客船船户又将鼓噪。余昨日本已与礼和[②]谈过，销售煤焦暂委该行经理，因该行有武昌江岸空地甚广，可以堆

① 潘毓初，名国英，时为汉阳铁厂总轮驳处委员。
② 礼和，指德商礼和洋行。

存，租价极廉，按月计算，只出地租银二百五十两，不似汉口栈房，须按吨计算。而即以堆存之煤焦，由该行转向银行押银以十万两为度，萍矿得稍资周转，又免抢夺诘责之虞。当即与该行订定，一面知照萍矿，减出、减运，全停势所不能也。

冶局[1] 来函责我不派船往，视彼性命不值钱，不知船被夺留。昨日换旗后始能行驶，已有二艘赴冶矣。晚，回厂商定工团办法，责成匠目曾崧领团巡察看守，事平允酬银一万元，而令同人均至汉口租界暂避，盖事已日逼而来，势难相安矣。

二十七日，晴。早七钟闻炮声隆隆，有子弹飞至汉口寓中，约一时许炮止，午后复轰至傍晚始止，闻无胜败。

礼和经售煤焦合同签字。

二十八日，晴。刘家庙车站失守，官军通驻滠口，该路南局本与刘家庙车站电线相接，直达北京，盖该站为南段总机关也，此站失守，南北信息隔绝矣。

二十九日，晴。汉口商会来函，举余为汉口红十字会会长，明日午前在商会集议，红十字会系慈善中立之事，似难固却。

三十日，晴。午前至商会，议红十字会进行事。武、汉两处正会长系英教会马医生。议毕，马医生以武昌红十字会午后议事坚邀余往。余以此事纯为中立慈善性质，且系教会医士主持，不妨同往。傍晚，始回汉口，而已有人觅余

① 冶局，指大冶矿务局。

密谈，谓彼中欲拘禁余身，询其故，则谓因余与补公时有密电往来，并疑我接济张彪。末一说，想即廿五日所记萍煤之事，亦未可知，或别有用意，则索解不得矣。

九月初一日，晴。布置同人离汉，各事托捷成洋行发无线电与补公，勿再来电，以免祸害。函致兴国、武昌、常宁各局，暂时停工。

初二日，晴。与三井丹羽议定铁厂及萍汉轮驳暂委该行代理，事平交还。溯自变起以来，铁厂事事处于嫌疑之际，而呼吁无门，束手无策，辗转筹思，只有暂离汉口，以避嫌疑，而委局外中立之外人暂代经理之一法。惟我事事借用外人，在我为万不得已，除此别无办法，而在彼则将谓我以外力挟制，必更触其怒，是暂避真为无可奈何也。

初三日，早晴旋雨。权假公司董事名义函致同人，告以厂已暂委三井代理，除工团[1]外，请各作归计，暂时分手，俟事平开工邀约，函稿附后。

---

① 工团，指以曾崧为头目的守厂队伍。

# 〔汉冶萍公司、正金银行上海规银贰佰伍拾万两借款契约书[①]〕

汉冶萍煤铁厂矿有限公司(此后称公司)向横滨正金银行(此后称银行)借上海规元银贰佰伍拾万两订定条款于后:

一、公司向银行借上海规元银贰佰伍拾万两,自明年阳历七月起分三年摊还[②],每年还三分之一,利息周年八厘(第一年八厘;第二年起照市面情形酌量最低以六厘为率)。

二、本借款以公司归还外国借款赎还之担保品,附清单[③] 作为本借款之担保品。又,以中国政府拨发公司之南京公债伍佰万元之债票为担保品。

三、由公司呈请中国政府饬知公司声明此次拨发公司伍佰万元公债票虽系南京发行之债票,实与中央政府

---

① 本件在原资料内系中文件。

② 第一条中所谓"自明年阳历七月起分三年摊还",实际并未照约履行。据后来1918年4月4日公司董事会致会长孙宝琦函说明:"还本届期,川粤汉尚未购轨,而公司经济亦不充裕先与正金商明展期自民国十年起分年摊还。迨至上年盛董事(恩颐赴东时),复与横滨正金总行商定,展至民国十五年起至二十年止,分作六年归本,利息减为长年六厘。"又据同年4月29日北洋政府财政总长曹汝霖复正金银行副总经理武内金平函称:从这时起,"本部担保该公司按照所订年限如数归还,即请贵行查照备案,并希转电贵沪行将原押之八厘债票五百万元交还汉冶萍公司,以便交还本部。"

③ 第二条"附清单"及第四条"另附清单"计有:煤焦栈单价值、钢轨栈单价值、物料栈单价值、汉阳地产价值、上海浦东码头栈房价值和粤汉铁路轨价表、川汉铁轨价表等等,这里从略。

发行者无异。

四、以公司与川粤汉铁路督办订定之该两路轨价抵还借款，由北京政府承认将轨价付与银行，至还清为止，其轨价数目另附清单。

五、此借款言明系归公司收用，不得移作别项用款。

六、此合同一式二份，彼此各执一份存照。

横滨正金银行上海支店支配人　儿玉谦次(印)

汉冶萍煤铁厂矿有限公司经理　李维格(印)

叶景葵(印)

大正元年十二月七日

中华民国元年十二月七日

# 〔中日合办汉冶萍公司草合同〕

汉冶萍煤铁厂矿有限公司

日商代表会订华日合办煤铁厂矿有限公司草合同所订大纲条款，开列于左〔下〕：

一、改汉冶萍煤铁厂矿有限公司之组织为华日合办有限公司。

二、新公司应在中国农工商部注册，一切须遵守中国商律、矿律。总公司设在中国之上海。

三、新公司股本定为三千万元，华股五成，计华币一千五百万余；日股五万，计日币一千五百万元（此股本及将来分余利均以日币算）。华股只能售与中国之人，日股只能售与日本国之人。以后公司股东盈亏共认，不定官利，总照各国通行有限公司章程办理。

四、新公司按照矿律以三十年为期满，期满后由股东会公议，如欲展期，应照矿律再展二十年。

五、新公司股东公举董事共十一名，内华人六名，日人五名。再由董事在此十一人内，公举总理华人一名，协理日人一名，办事董事华、日各一名；股东另举查帐员四名，华日各二名。

六、总会计用日人一名，由董事局选派，归办理董事节制，以后添用华总会计一名，彼此平权。

七、汉冶萍煤铁厂矿有限公司之所有一切欠款及一切责任，备有确据者，均由新公司接认。

八、除照矿律，外国矿商不得执其土地作为己有外，汉冶萍煤铁厂矿有限公司之所有一切产业、物料暨权利，并照案所享特别利益，均由新公司接收。

九、新公司未经注册以前，由华、日发起人先行办事。所有新公司一切章程，由发起人另行商订。〔原件边注："所有"以下十七字系后添〕。

十、以上所开新公司华日合办，俟〔原件注：改"已"为"俟"〕由中华民国政府电准，汉冶萍煤铁厂矿有限公司立将此办法通知股东，倘有过半数股东赞成，即告知日商，日商亦将情愿照办之意告知公司，签定正合同，立即照办。告知期限不得逾一个月。

此草合同在神户会订，照缮二份，各执一份。明治四十五年一月二十九日。

汉冶萍公司现有股本一千三百零八万元，公司代表之意，须填足股本一千五百万元，其添填之股票作为公司公用，其如何用法，由新公司董事会公议。日商须入股款日金一千五百万元，日商代表之意，除原有华股一千三百零八万元外，另填华股票七十五万元，日商出股款〔日金〕一千三百八十三万元。此条须到东京方能定议。其余各条彼此允洽，别无异议。

以上草合同十条，俟民国政府核准后，敝总理再行加签盖印，特此声明。

正月二十九日盛宣怀注〔原注:此系盛总理亲笔(附注)〕

汉冶萍煤铁厂矿有限公司协理　李维格

日　　商　　代　　表　小田切万寿之助

(公司《各种合同印底》,《杂卷》7号;《日本外交文书》第四十五卷第二册,文件号624附件。)

# 〔预借矿石价值合同[①]〕

中国汉冶萍煤铁厂矿有限公司总理盛宣怀、协理李维格与日本国制铁所长官男爵中村雄次郎代理西泽公雄，日本国横滨正金银行代表董事小田切万寿之助，于
明治四十四年五月一日<br>宣统三年四月初三日
在中国北京订预借生铁价值续合同[②]，迩来彼此正在商议办法。现因汉冶萍煤铁厂矿有限公司急需用款，欲借日金三百万元，横滨正金银行因有上项关系，亦愿照办，订此合同，其条款开列于左〔下〕：

第一条　中国汉冶萍煤铁厂矿有限公司（以后称公司）向日本国横滨正金银行（以后称银行）借日金三百万元，自交款之日起算，第一年按年七厘计息。第二年以后，利息须由公司银行商定多少，惟至少以六厘为限。

此项款项，定于东京明治四十五年二月十二日由银行交付公司，本合同上所贴印花税费，应归公司。

第二条　公司为确保前条所开借款本利偿还不误起见，允将座落中国湖北省大冶地方所有公司之矿山、铁路暨其余在大冶地方一切产业，作为第二次抵押。公司前已将公司之大冶产业作为日本兴业银行及银行借款之抵

① 本件在原资料内系中文。
② 见前列（178—180页）。

押，如将来公司还清此二银行前借之款，本条所开产业即作为前条所开借款之头次抵押，无须何等商议知照等事。

公司须将本条所开产业之凭据契券，随后从速托在银行指定之处保存。但公司代表人可商由银行允诺，随时点查。

第三条　除本合同第二条所开产业外，公司允将现有开采权之左〔下〕列各地方所出矿石，作为本合同第一条所开借款付还本利之抵押，惟在公司铁厂应用矿石，可由公司采用：

湖北省武昌县银山头、马婆山；

又　兴国州富池口鸡笼山

公司须于交收款项前，将本条所开产业之凭据契券托在银行指定之处保存，但公司代表人可商由银行允诺，随时点查。

第四条　公司不经日本国制铁所（以后称制铁所）及银行应允以前，不得将本合同第二条、第三条所开公司之产业及权利作为他借款之抵押；或不得将此产业权利，无论何等名目，作为公司负责之目的或条件。

第五条　公司须将制铁所按照后条每年向公司所购矿石价值付还本合同第一条所开借款本利。

付还本利，须照公司、制铁所、银行于<br>明治四十四年三月三十一日<br>宣统三年三月初二日<br>在北京所订预借生铁价值合同第五条、第六条、第七条办理。

前项所开北京合同之附件第一、第三两项，亦须于本合同照办。

第六条　公司除照已订各种合同内应交矿石数目外，本年起三十年为止，每年应向制铁所另售矿石，至多以十万吨为限。本年制铁所应购之数，于前一年内与公司预行商定。至于矿石种类、成色、价值等，须照日本兴业银行预借矿石价值合同暨以后互相议定一切条款办理。公司所售矿石，总以公司矿山最佳之料交付。

第七条　如在中国偶生变乱，或因公司经营困难，公司有不能照本合同第六条所开条款办理之虑，公司、制铁所、银行三面妥商办法，即请制铁所、银行暂作公司之代理人，代办本合同第二条、第三条各地方矿石之开采、搬运、供给等事。所有一切经费，由矿石价值扣除。唯变乱平定，或公司力能自办，仍由公司自行办理。

第八条　中国现因发生变乱，公司、制铁所、银行明治四十四年三月三十一日<br>宣统三年三月初二日在北京所订供给生铁暨预借生铁价值合同所开条款，公司不能完全照办，制铁所受其亏损，银行亦抱忧虑。如将来变乱连绵不止，或新变发生，或公司经营困难，公司不得完全照办该合同所开条款之时，公司、制铁所、银行三面妥商办法，即请制铁所、银行暂作公司之代理人，代办汉阳铁厂制造生铁、搬运供给等事。所有一切经费，由生铁价值扣除。唯变乱平定，或公司力能自办，即仍由公司自行办理。

公司如欲将汉阳铁厂产业作为他借款之抵押，或将此项产业作为公司负责之目的及条件，应先与制铁所、银行商允，再行办理。

第九条　如公司不能将前条所开在北京所订合同条款完全照办，制铁所、银行亦可向公司要求矿石代抵生铁，公司即应竭力供给制铁所所求之额数。此矿石不在已订各种合同内应交矿石之列。矿石价值须照北京所订合同条款充当付本利之用。至于矿石种类、成色、价值等，应照本合同所开条款办理。

第十条　本合同缮写中日文各三份，公司、制铁所、银行各执一份。

本合同字句如有疑义，以日文为准

明治四十五年二月十日订于横滨正金银行东京支〔分〕行。

汉冶萍煤铁厂矿有限公司总理
盛宣怀代理　李维格　印
汉冶萍煤铁厂矿有限公司协理　李维格　印
横滨正金银行取缔役〔董事〕　小田切万寿之助　印
制铁所长官男爵　中村雄次郎　印

（《日本外交文书》第四十五卷，第二册，文件号626。）

## 〔特别合同〕

兹因中国汉冶萍煤铁厂矿有限公司（以后称公司）与

日本国制铁所(以后称制铁所)、日本国横滨正金银行(以后称银行)本日所订借款合同内有所不尽,公司、银行另订条款,开列于左〔下〕:

本合同应须严密保管,非立合同人两面同意,则不得示知别人。

第一条　此次公司、银行所订借款,实为济公司一时之急,希图中日两国商务关系藉臻亲密,并俾公司与日本资本家代表人现议中日合办煤铁厂矿有限公司之件藉有所益起见,因此,日本代表者须对于合办事业详细调查、慎重考究之后,方能决定。且合办事件未经商定之前,中日两国预议者不经一面之应许,则不须向他人商议此项事件。

第二条　前条所开中日合办成立新公司办妥,则银行可向日本资本家商允后,即将此次借款换充日商应交新公司之日本股份。

第三条　公司银行须向制铁所商允,此次所订借款合同第六条及第七条所开条款,虽前条所订事项办完后,仍可照办,且其时新公司所售矿石价值,由制铁所付现。

第四条　如银行询问公司此次所交款项之用途暨其他要件,公司即须详细告知银行。

第五条　公司之总理、协理及代表人因公司与银行从来交谊深厚,在他国未见如此亲密关系,应允向公司并接办公司人等极力劝其永远维持如此善美关系,以敦信谊。

第六条　本合同缮写中、日文各二份，公司、银行各执一份。本合同字句如有疑义，以日文为准。

明治四十五年二月十日订于横滨正金银行东京支行。

汉冶萍煤铁厂矿有限公司总理盛宣怀代理李维格　印

协理李维格　印

横滨正金银行取缔役〔董事〕　小田切万寿之助　印

高木陆郎[①]　印

汉、日文校对无讹

(——《日本外交文书》第四十五卷，第二册，文件号626附件二。)

## 〔后续"换文"一、二[②]〕

〔一〕

制　铁　所
横滨正金银行 台鉴：径启者。查明治四十五年二月十日所订预借矿石价值合同尚有商酌之处，为免日后争执起见，应再具函声明如左〔下〕：

一、该合同第三条内载"惟在公司铁厂应用矿石，可由公司采用"一节，如日本他厂及中国土炉需购矿石，公司每年可售以矿石五六万吨为度。

二、该合同第七条、第八条内载"或因公司经营困难，

---

① 高木陆郎时任日本三井洋行北京支店长。
② 本件在原档内，附件甲、丙均为中文件。

公司、制铁所、银行三面妥商办法，即请制铁所、银行暂作公司之代理人”一节，此系制铁所、银行与公司从来交谊深厚，如遇公司经营困难之时，事属正当，实非虚糜款项办理纷乱所致，制铁所、银行宜当竭力帮助公司，俾公司得免困难，可以自办。至公司实在不能自办，则三面妥商办法后，始请制铁所、银行暂作公司之代理人，以表明彼此维持如此深厚交谊。

三、该合同非至不能不发表之时，彼此均须严守秘密。

以上三节，应请示复为盼！此颂日祉。

汉冶萍煤铁厂矿有限公司总理　盛宣怀代理

协理　李维格

明治四十五年二月十二日

# 预借矿石价值合同的修改

制铁所<br>横滨正金银行台鉴:径启者,前于本年二月十日敝公司与贵制铁所<br>银行三面订有日币三百万元借款合同。查该合同内本有平常不便施行之处,因当时借款之外,尚有特别情形,敝公司并未计较,现在特别情形已变,不能不将不便施行之处奉告,另商一通融办理之法,于贵制铁所<br>银行并无出入,而于敝公司则可免为难,想彼此交谊迥非寻常可比,定荷曲谅慨允也。兹将不便之处并通融办理之法,开列于左〔下〕:

第三条所开湖北省武昌县之银山头,马婆山又兴国州富池口鸡笼山矿石不便抵押,拟请通融酌改左〔下〕:

第三条　除本合同第二条所开产业外,公司现有开采权之左〔下〕列各地方所出矿石,公司应允如公司自用有余,可售与外国,当先尽制铁所,即:

湖北省武昌县之银山头、马婆山,

又　　兴国州富池口之鸡笼山。

第四条　除去“第三条”三字

第七条、第八条所开如中国偶生变乱或公司经营困难,三面妥商办法,即请制铁所、银行暂作公司之代理人等语，查代理实用彼此不便施行之处，拟请通融酌改如左〔下〕：

第七条　如中国偶生变乱，或公司经营困难，公司有不能照本合同第六条所开款办理之虞，公司当与制铁所、银行妥商办法，公司总当竭尽力量，查照本合同第六条办理。

第八条　前因中国发生变乱，公司、制铁所、银行明治四十四年三月三十一日<br>宣统　三　年三月初二日在北京所订供给生铁暨预借生铁价值合同所开条款，公司不能完全照办，制铁所受其亏损，银行亦抱忧虑，如将来变乱连绵不止，或新变发生，或公司经营困难，公司不能完全照办该合同所开条款之时，公司当与制铁所、银行妥商办法，公司总当竭尽力量，查照该合同所开条款办理。

公司如欲将汉阳铁厂产业作为他借款之抵押，或将此项产业作为公司负责之目的及条件，应先与制铁所、银行商允，再行办理。

以上商改各条，如荷概允，则本年二月十二日往来各一函，自属无效。敬颂日祉。

汉冶萍煤铁厂矿有限公司总理　盛宣怀

协理　李维格代理　盛宣怀

壬子〔1912 年〕阳历三月二十三日

制　铁　所<br>横滨正金银行台鉴：径复者。本日敝公司函商贵所银行请将本年二月十日彼此三面订立之日币三百万元借款合同条款，酌量更改，须[顷]展三月二十三日来示，藉悉贵所银行为彼此敦厚之情谊，谅察敝公司为难之处，慨允照改，实深铭感。至于该合同第三条所开湖北省武昌县之银山头、马婆山及同省兴国州富池口鸡笼山矿石，实因有特别情形，不能担保抵押，所以协议更改，兹特言明，此后决无担保与他处之事，且将来如特别情形一变，前开两处矿石可以担保抵押之时，必照该合同第三条办理。再，来函云，敝公司曾常谈及，如敝公司要借外资之时，必先与贵所银行相商等语，兹特言明，如敝公司要借大宗长期外资之时，在本合同期内，必先与贵所银行相商可也。特此布复，顺颂日祉！

汉冶萍煤铁厂矿有限公司总理　盛宣怀

协理　李维格代理　盛宣怀

壬子〔1912 年〕阳历三月二十三日

# 辛亥革命后与盛宣怀等往来函电

## 李维格[1] 致盛宣怀函

［宣统三年十月初二日（1911 年 11 月 22 日） 汉口］

止公座右：格廿九到沪，萍矿初因道路梗阻，不能送款，嗣于十八日接虎来函，谓已由长沙商通鄂省护送。格即在汉凑洋四万元交三井[2] 与彼中[3] 接洽，即日派轮送株［州］，并函致虎侯，此后需款均直接与三井汉行通信。由湘、鄂接洽护送冶矿，格过冶时与西泽[4] 接洽，今年水大多运矿石两万吨，现钱交易，以应冶用。格俟此间各事所绪稍清，即行来［大］连。附呈日记一册，约略尽之矣。格叩。

厂中尚无损伤，惟为炮火中心点，此后则难知矣。

## 李维格自东京致神户盛宣怀电

［民国元年（1912）二月二十日］

阁臣电云："反对合办将成大风潮，影响共和大局。咸

---

① 李维格时任汉冶萍总公司经理兼汉阳铁厂总办，武昌起义后至上海转赴日本。
② 三井，指日本三井洋行汉口分行。
③ 彼中，指武昌起义成立的湖北军政府。
④ 西泽：指西泽公雄，原日本制铁所技师，1900 年大冶于始供应日本铁砂后，西泽即任日本派驻大冶铁厂的"驻在官"。盛宣怀以湖北大冶铁矿为抵押大借日债后，西泽一直任日本制铁所长官中村雄次郎男爵的在华代理人。

谓孙、黄被盛蒙蔽。唐急邀弟会议，赵竹君[1] 在场，均谓：'非请盛速设法取消合办合同，无可解救。务速商盛电认取消，俾照电宁答参议院'。弟言：'请政府废三井约。'唐谓：'政府取消恐别生枝节，公司取消系解较易。将来帮助公司，政府处有办法。'速请盛决定，急盼电复，勋。"现东京款商办法，请候电再定主意。格。

（《辛亥革命前后》第250—251页，上海人民出版社1979年版。）

## 盛宣怀致李维格函

〔民国元年(1912年)二月二十一日〕

顷阅抄件，王正廷所言，政府以大局已定，筹款将易，则借此废约，是出于孙意。三井沪言已核准，乃口中之言，无正式也。政府变易，非正式(正式则新任必认)印文核准，断不可靠。日商如必欲草合同有效，非二月廿九以前三井与政府直接取到正式核准印文，终属无济。理如此，势亦如此。阁臣以公司无款必倒。政府务须另筹巨款，直言要求。此于核准无干，政府断不能因公司无款受此恶名(为共和影响题目甚大)，转为我们借端合办，授人话柄。唐告阁臣：将来帮助公司，政府自有办法(从前商股之轮电公司归于官办，即此手段，即指此而言。鄙见请阁下实

① 赵竹君，即赵凤昌，江苏常州人。原为张之洞幕僚，辛亥革命爆发，又成为上海一时的政治风云人物。1912年4月公司股东常会上被选为董事，旋又举为公司董事会会长。

告山本(王正廷之言),如欲合办,须趁早取其核准实据,过此以往,更难著手,根本已摇,运动无力矣。倘三井办不到,务请据实密以告我。天气稍暖,弟当赴东京一行,另筹办法。附上抄电,竹君为革命中清流,据实言之,稍解蒙蔽之诟而已。

(《辛亥革命前后》,上海人民出版社 1979 年版,第 251 页。)

## 盛宣怀致孙中山电
〔民国元年(1912 年)二月二十三日〕

上海王阁臣转孙总统:接尊电始知该草约已核准。弟当立即知照董事开股东会,会集时,定将孙总统欲废去该约之意告知各股东。如此重要实业终能完全保存,实为中华民国幸福。

(同上书,第 252 页。)

## 盛宣怀致李维格密电
〔民国元年(1912 年)二月二十四日〕

东京李一琴:2.23 接阁臣明电:"孙总统复电云:'该草约,前虽批准,后以其交款濡滞,并不践期,已电告前途,汶〔决〕定取消,盛氏万不能以已由政府核准为借口。唐君等前商办法系为盛氏计。今各省反对,舆论哗然,盛氏宜早设法废去此约。且证书有须通过于公司股东会一语,不为通过,此约即废,不患无以处此也乞速电告盛'"云。希即告小田切、山本君知照。

(《辛亥革命前后》,上海人民出版社 1979 年版,第 253 页。)

## 李维格致盛宣怀电[①]

(1912 年 3 月 17 日上午 9 时 40 分　上海)

公债票,同人云事前尚可,至今日万不可。察看情形,公若借外力,不但财产不保,尚恐激成他变。朝日[商会]事亦万不可行。只有静候风潮过去再筹保全,押股人极疑虑。拟托何、聂觅人代表。空白票究填若干,速寄存根。格。

## 李维格致盛宣怀函

(1912 年 3 月 24 日　上海)

止公鉴:昨奉电示。兹将致日代表正式公函缮就签印寄呈。此函只须将股东会不赞成告知,无须他人斟酌也。小田切虽已离东,此函封面仍可写日商代表水田切万寿之助殿,不封口,外面加封写正金银行副总理井上交神户正金寄往东京(专人送京更妥)。善后办法正与各方面接洽,两三日内开董会商定即开股会,大约不外借款。

公之私产(内地),同人(及六合)公论断不可借外力,以免再激他变,风潮过后逐渐疏通,公即可回国矣。

会场迎送之件系董事会与赵、熊诸君商定,格未到沪

---

① 所开列之表,原档缺。

已印好，办事人无可参议，事已至此，留一情意于孙、黄亦好，此所以孙有函致公道感也。

东京必须有一下台法方能过去。格俟第二股会后即行来东（如议借款），拟约董事代表一二人同来，未识肯否耳。余俟面详，不尽一一。敬请旅安。制维格上。三月廿四。

（《辛亥革命前后》盛宣怀档案资料集之一
上海人民出版社 1981 年版。）

## 盛宣怀致李维格函

（1912 年 3 月 15 日 日本）

一琴仁兄大人阁下：近日上海义振会陈润夫、林稚眉、刘朴生、冯梦华诸公来信，劝弟捐款办振，不谋而合，弟已函允。但恐所复中山一函森恪尚未转交，则典当一日不还，捐款一日难付。因思此事，正月阁臣、止澜电报往来曾言：中山允即发还，事尚有因。特照尊意抄函专请阁臣、止澜往谒孙、黄运动先还典当、花园，即可抵押放振。并乞阁下速挽阁、止二君克日同行。亮畴与弟有渊源，必力助。孙、黄皆英雄，谅不肯食言，亦必愿振济。公热心救民，尤必肯相助也。手颂台安。愚弟宣顿首。

再，唐少川总理十九来沪，与我旧交，事权在握，一言重于九鼎。望阁臣、止澜与少公熟商，必能立刻见效。如有端倪，祈速电示，弟可电函切托也。弟宣又顿首。

## 卢洪昶[1] 致李维格电

（1913 年 7 月 13 日）

上海汉冶萍公司李鉴：赣告独立，湖口炮台被占，湘省军械局又失慎，恐动战机。惟虑矿属于赣，运由于湘，万一延长，恐出处、运道两有阻碍。现拟赶运焦炭，摘辞用煤销户。应如何处？乞陈明董会电遵。洪。元。

## 高木陆郎致李维格函

（1913 年 8 月 4 日）

一琴经理先生大鉴：敬启者，此次中国扰乱谅不至如前次革命时影响之辽阔，但南北端若以渐推广，战事中心点移至扬子江上游时，则汉阳将不免再作剧战之场矣。前次革命之扰乱，汉厂停工，日本铸铁所及正金银行均因此不大利便。是以对于此次乱事当然欲设法以免再有此种情状之发生。闻诸该银行经请求日政府派炮船一舰，于汉阳择方便地点驻扎，以维持汉完全之中立。并声明此一着须公俟该银行汉口分店接到汉厂吴坐办[1]关照，关照，方宜见诸施行；未接到此关照之前，日本水师决不向南北军表示干涉之态度。据鄙意，以上办法殊属情理，务祈向盛公及诸位解释。此次日政府俯允该银行之请求，专为保全

---

① 曾任汉冶萍公司董事，著有《卢洪昶自编年谱》。

制铁所及正金银行对于尊处生铁出口之利权起见，外此别无他意也。再，中村男爵[②]因此次乱事影响及其制铁所与尊处生意之关系，殊觉焦灼，谓尊处各产业均须按上开办法妥为保护也。敬请台安。高木陆郎谨启。

再者，封函间据各处报告，似实力战争之域已逐渐缩小，因自信此次乱事不久将完。贵国得此可喜之现象自是大佳，此间无庸以保护尊处产业廑怀疑。盖此事诚如尊处所云，未免迹近嫌疑，恐惹起舆论上对于日本之举动发生不惬意之疑窦也。

# 李维格在日本交涉主要经过

## 公司高等顾问李维格自日本致董事会副会长李经方函，附第一次谈判记录

〔民国五年(1916年)十二月三日〕

十二月一日午二时半，维络与制铁所长官押川君开议。在座者，公司方面有高木君及同来之陶泉君(通日本语言)共三人；制铁所方面有理事长吉川君及译员井原君，亦共三人。兹将当日开议情节，另纸节要录奉，即希察阅为荷。

附抄件一纸

十二月一日午后二时半，维格在制铁所与其长官押川君开议情形，记录如下：

维格言："敝公司前接贵制铁所八月二日函，查照敝国民国二年十二月二日彼此所订合同，通告需用生铁矿石吨数，列表开送，已有数月之久；敝公司本应早日答复，因事关重要，讨论需时，以致公司派委信函，请先一阅(函由制铁所译员译述一遍)。查贵所来函，闻因敝公司盛前会长曾于去年函询贵所所需生铁吨数，故贵所有第三次扩充计划，又，以盛前会长屡次有言愿多销生铁，贵长官报告贵政府及国会，亦以多用生铁为言，此贵长官体贴敝公司之厚意，敝公司至深感荷。惟自接贵所来函表开所需

吨数，敝公司再三讨论，如欲照交，实有困难之处。其原因有二：大冶两炉何时工竣出货，能否出足每炉四百吨，殊无把握，二年十二月合同订后，大冶新炉本应从速筹划建筑，奈盛前会长时常卧病在床，不能早定计划，又因聘请顾问延缓，以致耽搁开办稽时，公司事务本不因为会长一人之卧病迟延，惟敝公司向由盛前会长主政，贵所亦素所知悉，此原因之一，而敝公司为抱歉者也。合同订定之次年，正派员前赴欧美考求新法，采办机炉，而值欧战发生，机炉虽已订购，何时能完全运到，实难逆料。即如在英国所订电机，造成即为英政府因军用占夺，不得已仍在原石照样续定，迨其造成，殊不料又为所夺，此原因之二，而非敝公司力所能施者也。至于矿石开采、转运、装卸亦需种种机械布置，方能多出。一时不敢预定多交之理由，亦如上说。鄙见制铁所与汉冶萍公司关系，非寻常买卖可比，已往来有十五、六年之久，一恃原料供给，一恃货物销纳，通工易事，几有相依为命之概。合同为彼此遵守之信用，一切自应照合同办理，然以关系之深切，两家有如一家，遇到困难之处，亦不妨推心置腹，相见以诚，于困难之中，求一双方满意之办法。言归正题，此次贵所来表所开生铁矿石吨数，敝公司量力实难照交，另有拟产交之数，此则必须贵长官顾念彼此关系之深切而予以原谅者也。至价值一层，前在北京所订合同，实在太贱，以致受人攻击，故二年合同，敝处谆谆于价值必须协商。此次余奉派东来，敝公司董事会切嘱鄙人，股东之意，价值必须查照日本市面时价订定,不能再有吃亏,此余今日奉告贵长官者也。”言至此,押川君云:“君言余均已明白,但不知贵公司拟交之数开列有表否?”格言有表,即出表示之①。押川君言:“贵公司与敝所关系切要,余所深知,余之奉派为制铁所长官者,即因余任农商部次官多年,谙悉彼此所订合同之故,以关系切要,自应彼此相谅。但照贵公司所开拟交吨数,与敝处所开相差悬殊,君言于彼此困难之中求双方满意,照此两表,恐无双方满意之法。自大正二年十二月二日合同订定后,余以欲履行合同,敝所必须谋第三次之扩充,而以敝国铁政实业计,亦非扩充不可,是以接到贵公司盛前会长来函后,即积极进行向政府、国会报告必须扩充之故,历尽困难,始得将计划通过,因此余与农商务大臣几致冲突。而国会则以扩充需时六年,为期太久,又必须多用矿石,少购生铁,交相责难。卒以欧战之故,官商需铁日多,得以通过。现既通过,而我又不能照计划施行,则余除辞职外,实别无他法,此我之困难,亦须贵公司原谅。至于铁价,敝国市面无一定之标准,惟今日议论已久,恐君劳乏,改日再议。”格言今日不及多谈,自当另定日期,再来聆教,惟尚有数言,敢请垂听。顷闻教言,贵长官奉派原因,系以熟悉制铁所与汉冶萍公司关系之故,鄙人闻之,实所欣幸。又,贵长官扩充计划因欧战而容易通过,而敝处则适因欧战而难于一切遵教。且贵所八月二日函送之表,敝公司实初次见之,敝公司以为必有磋商余地,请

① 所开列之表,原档缺。

再一思之。

（公司《杂卷》1 号）

## 公司高等顾问李维格自日本致董事会副会长李经方[①]函，附第二次谈判记录

〔民国五年(1916)十二月九日〕

三日肃上一函，寄呈一日第一次会议情形问答记录，想已鉴及。兹将四日第二次续议情形问答记录寄呈察阅。查两次会议情形，制铁所于吨数价值两层，意之所在，已能揣度，兹加案语于后：

一、彼第三次扩充计划既经政府国会通过，其势不能不照数履行，我欲少交，彼实困难。

二、生铁磋减似较矿石为易，其说有二：

甲、国会本欲少购生铁，多用矿石，彼让减生铁，尚有词可措，安川合同本先尽问彼处，彼赞成后，始与我订立合同。

乙、光绪二十五年第一次所订矿石合同第五款开："如日本要加买矿石，亦必照办；但日本制铁所亦不得于此大冶合同之外，另与中国各处及岛地他人他矿，另立买铁石之约"云云，如我不能供应，彼即有词向他处购用。现扬子江下游，如芜湖之繁昌县、太平之当涂、南京之凤凰

---

① 李经方(1855－1934)字伯轩，李鸿章长子。1890 年任出使日本大臣，1911 年署邮传部右侍郎，1916 年任汉冶萍公司董事会副会长。

山各铁矿公司,均与日商订有合同;山东之青州岭镇、沿南满路线之鞍山站铁矿,在彼势力范围之内;闽省之安溪,闻亦拟售与日,如我放弃此合同之特权,未免可惜。

三、生铁价值一层,彼谓日本市面无一定之时价,欲我另想一法,以与商酌。此层办法有三:

甲、坚持我售与日本市面之价值。

乙、照英国 Clereland No. 3 or aedcar 生铁上年六月至本年六月底之在英交货价值,扯一中数,作为次年汉、冶两处船面交货之价值,于本年十二月订定。

丙、合同有以制铁所购入价值为标准一条,彼必谓制铁所购入价值即二十六元;我虽不承认此说,合同亦有不能勉强之条,然总有以购入价值为标准一句,彼必不放松,我亦不能悍然不顾。此层如何办法,如我以为英国生铁将来价值必昂于二十六元,则姑持悉英铁价值之说,与以磋磨;如我以为英铁将来恐有时贱于二十六元,则或以英铁价与二十六元相扯,定一中数,但不得少于二十六元,以期标准一致。

四、矿石价值增减是否以生铁价值为比例,此外,格实想不出他法,未识尊处尚有善于此者乎?

五、此函到后,请即用密码电示:

甲、生铁至多交若干吨,附以理由;

乙、矿石至多交若干吨,附以理由;

丙、生铁、矿石价值如何订法,附以理由。

六、矿石年出一百五十万吨之计划宜速进行,如得道湾、铁山两处，恐难供应，宜速派矿师至鄂城、阳新、九江等处公司已有矿山测算计划，以便及早进行。赖伦在冶〔萍〕矿多年，较的经验，现在无事，亦在可派之列。

今日服、吉川二君来寓就议，如何情形，再行续报。再，三日所发函作为第一号，内附记录作为第一次。此函即为第二号，记录为第二次，合并声明。

附第二次记录一纸。

十二月四日午后二时半，复与制铁所长官押川君赓续开议，情形记录如下：

押川君言：前日李君交阅拟交生铁矿石表，业经看过，内中所开拟交之数，前十数年少交，后十数年多交，不知是何用意？合同至四十年之久，必须预先规定妥善，方为正办，否则十数年后，人事变迁，两方面办事人不知如何情形。且敝处所开吨数，并非贸贸然随便开送，实有根据。查大正二年十二月二日所订合同，当磋议之际，敝处开有条款，矿石需六十万吨，生铁三十万吨。其时盛会长意不便明写每年交货如此之多，故商诸敝处定一笼统吨数，然用意实系四十年匀摊，并无前少后多之意。前任长官中村君适于昨日路过此地，余以此询之，渠亦证明是说，此该合同签订以前之实在情形也。查贵公司与敝所订有合同，敝所所用矿石，均需向贵公司购买，不得购用公司以外中国他处矿石。既有此条，贵公司即有源源供应敝所之义务，而此次敝所按照合同向贵公司订购，则又不能如数照交。至于生铁，亦系凭贵公司盛〔盛宣怀〕、孙〔孙宝琦〕两君来函，汉、冶两厂每年可出四十八万吨，要求敝所多购，今又请减，似乎反复前后矛盾。即照贵公司此次预算只有四十万吨，亦可照敝所要求之数交足。查敝处所以借与贵公司一千五百万元，即系为贵公司扩充工程之用，而所以欲贵公司扩充工程，即为敝处扩充地步。查敝处所需原料，全恃贵公司供给，敝国需铁年多一年，此次扩充规模尚非甚大，如此小规模之扩充所需原料，贵公司尚不能供应，则向来敝处所恃于贵公司者，殊为失望。至于矿石，前在贵国时，总经理夏君〔夏偕复〕仅以生铁为言，未提矿石，而此次来表，矿石亦要减少，殊不可能，岂欲限止[制]敝处所出铁乎？总而言之，敝处第三次扩充计划，系查照合同及贵公司函而定，现计划既经政府国会通过，实难更改。方命之处，尚祈原谅。以言乎贵公司筹备，敝所亦系按照合同办理，太石二年前通告，生铁三年前通告，为时甚宽，务望即早预备，如数照交，以免敝处为难。此次贵公司所以要求减少之故，自非敝处所知，惟揣度情形，或系因欧战影响，铁价增高，留售善价，殊不知欧战系一时之事，总须以久远为计，贵公司有数十年确实之大主顾如敝所，计亦甚得，似乎不宜仅顾目前。惟铁价一层，尚有商量余地，因合同虽有以敝所购入之价值为标准，而附件有不能勉强贵公司照允之条。惟规定四十年之价值，殊觉不易耳。前日君言日本市面时价，查敝国市面并无一定时价。此外有无好法，请再一想。

格言：贵长官所说各节，均已明白，惟内有最紧要一节，请先剖明，铁使误会。顷贵长官说一面有合同订定制铁所只能买汉冶萍公司矿石，而不能买敝国别处矿石；一面又不照交制铁所所需吨数，是将限止制铁所出铁一节，余可代表敝公司声明决无此意。查订定此项合同时，贵所公购矿石五万吨，七万吨，至多至十二万吨；而生铁尚未购买。盛前会长以大冶矿石丰富，汉厂只有小炉两座，用矿有限，欲多售矿石，故当时合同内订有此条。现贵所开来之表需矿石六十万吨，生铁三十万吨，连生铁所需要矿石计算，共需矿石百余万吨，十倍于前，恐一时筹备不及，故来商量，限止之说，实不敢当。敝公司表开前少后多，亦非图目前容易，使后人为难，不过目前力量只有如此，照大岛顾问预算，汉、冶两厂岁不过出生铁四十万吨，而矿石出数，照前定计划，系每年一百万吨，若欲照来表交足生铁，因为出数所限，而矿石亦增至一百五十万吨，方能照办，值此欧战机件不能应手，筹备殊无把握。至贵长官所言生铁即算四十万吨，亦可照来表交足一节，不知汉厂炼钢，至少须留用十万吨；与安川合办钢厂，系贵制铁所赞成之事，照合同至少须交六万吨；本国市面约销三五万吨；日本市面数万吨；此次还有美、澳两处销路，已经营多年，一旦弃之，未免可惜。贵长官又言减少矿石一层，夏经理并未提及，此系夏经理初到公司，容有未接洽之处，以致遗漏，亦未可知。至贵长官所言磋议一千五百万吨合同时，贵所开有矿石年交六十万吨，生铁三十万吨条款，余却不能记忆，惟盛前会长不将年交吨数订明，而笼统定一总数，余揣度当时用意，亦恐将匀摊数定呆，一时不易履行，故事实上一总数，留作来商量之余地。再，贵长官又言揣度公司不肯多交之意，或系因目前铁价增高，留售善价一节，贵长官猜着一半，尚有一半实为目前力量所限，不能多交也。

押川君言：君谓因欧战延误，然一千五百万元合同订已三年，应早筹备。至汉冶萍出生铁四十万吨一节，余终不能承认，贵公司与大岛博士以前预算每年出铁均作三百三十日计，何今忽又改作三百日？若预算炉座出铁不能作准，则制铁事业将不能举办。且炉座出铁自有一定算法，此事敝所次长服部君优为之。

格言：余欲先说一笑话，如易地而处，大岛今日为制铁所技师，预算敝公司出铁，必定从多；而服部君若为敝公司管工程，预算必定从少，且预算不能一定作准，亦不独敝公司为然也。

押川君言：减少吨数实在困难。

格言：余一面当将会议情形报告敝公司核夺，一面仍请贵长官再一思之，于困难之中，想一帮助敝公司之法。再，矿石价值照此次一千五百万元合同，固须协商；即前兴业银行三百万元合同，亦有十五年后（原定十年，后改十五年）照英铁价值及大挖费，斟酌另订。再，目前金价奇贱，照敝公司生铁成本每吨十八九两，照现在汇水洋例五十八两须合日币三十一二元，而照前合同售与贵所只二十六元，每吨须亏五六元，敝公司股东均归咎于原订合同之人，交相诘责。惟售与三井之铁，却有每吨六十三元之多。

吉川君言：所以今明两年均允贵公司少交，即系贴补之意。

押川君言为时不早，改日再议，服部次工现既回厂（昨自东京回）。此后即由服部、吉川二君至尊寓就议，以免劳驾。

（公司《杂卷》1 号。）

**注：**

公司对日本交涉案卷，由总经理夏偕复于 1922 年赴日交涉借款时携往东京，因在东京寓所旅馆发生火灾，全部焚毁。后经向有关方面抄补，仍不完整。有关李维格先生对日交涉的档案仅存以上两件。

# 关于公司获取湖北灵山矿山采掘权之件

## (一)李维格之报告

昨日(十日)返任之李维格,关于农商部已发出正式指令,不批准纪家洛〔即灵乡〕矿山采掘权一节,向夏总经理作了报告。本日上午又向李副会长与盛副经理、下午向本顾问作了同样报告,其内容大致如左〔下〕:

甲、不批准纪家洛矿山采掘权之理由:

纪家洛矿山采掘权之所以不予批准,乃因已决定将该矿作为国有矿之故。据李从农商部任职友人处获悉,政府已计划在中国南北方及长江中下游各开办一辖四所矿山之国有铁矿。目下,已选定纪家洛(湖北)为国有矿,而其他矿则采取向民间开放方针。

乙、在北京之善后策。

由于据政府旨意发出之如上指令,孙宝琦与李维格当协议如下;

1. 公司前身铁政局原为官办,由于维持困难,方移交民办。然政府时至今日,不批准公司采掘权,公司终至难于维持,故请求政府仍将公司收为国有。此事提交上海董事会会议设法进行。

2.请求将公司改为国有,如果作为中日交涉条件,则先向在京之正金银行代表小田切董事说是,听取其意见。

3.上月下旬通过小田切董事,提交林公使转致段〔祺瑞〕总理之说明,如尚未进行,请暂行中止。

4.请求将公司改为国有,并非本意,目的在于促使北京政府反省,以便依靠日本援助,获得采掘权;此点已向小田切董事反复说明。本月三日,李访问小田切董事,陈述了以上意见,但小田切难于决断,于是访问林公使请示,结果林公使亦以事关重大,决定给日本打电报,并请其给上海正金支行回电。

## (二)政府之指令函

上项中列席同李维格谈话之夏总经理,手头有由广仁善堂取来之农商部与内务部与内务不批准纪家洛之指令件。李维格读完该指令件后,向夏提出:

甲、纪家洛采掘权系以公司名义提出申请,且不断向当局呈报,今从该指令看来,完全用的广仁善堂名义;

乙、依照该指令,广仁善堂如吸收外股,则此点对公司当相同,但在其它方面,公司与该堂并不相同。采掘权实际申请者既是公司,则在今后的文书上,须载明公司有权采掘。

夏对之辩解如下:

甲、首先申请者为广仁善堂,次为官矿局,以此优秀以广仁善堂名义得到批准;

乙、广仁善堂与公司实际相同,其关系以后再商议。

关于用广仁善堂名义申请问题。上月三十日李副会长认为矿山采掘权之特许已无获准希望,除请求日本在外交上给予援助外,别无他法,为此,与本顾问交换意见如下:

五月下旬董事会上,决定以公司为申请者,提出由公司借之书面申请,广仁善堂另作别论,但后来不知何故发生变化,日本方面虽提供相当援助,在因其为间接关系,故反而失策。

对此,李与夏作了几乎相同辩解:

此名义问题,当李副会长提出辞呈时,与供给对盛家攻击之词柄矿山使用费有关。李复职后,态度为之一变,趋于相当温和,提出中日合办制钢公司发起人之董事人选,表现为容忍,因而认为此方面既有所谓优先关系,同时亦应有盛与夏在改组后之董事会上解决矿山使用费之考虑。

## (三)与湖北省之关系

除前已呈报外,其后,未由该省得到任保消息,其代表名单、出发日期等均不得其详。惟今日据在汉口之孙德全(公司外部总稽查)与夏连络消息看,此交省议会认为农矿局将省有财产象鼻山,为中央政府所有而加以管理,是非合法的,请求收回。

注：

公司为扩大冶矿区，曾多次要求承购开采湖北官购矿山。辛亥革命后，湖北发生债捐纠纷。公司又提出将大冶官山作价拨给公司，被拒绝。自1916年起，日本势力深入湖北，公司为防止矿权旁落，再次发动收购灵乡铁矿采掘权活动。

# 3. 译著类

## 路透电音

吴县李维格译

古巴，西班牙属岛，在大西洋中，岛民怨恨其上，于去年肇变，欲自立为国。政府以兵刃从事，官民相持者已将一年之久，生民涂炭，饿莩载道，美国不能再行坐视。现已定议，一面行文於西班牙政府，请即停止干戈；一面整肃军旅，以示美国言在必行。若西国不从其请，势将用武。美国人心甚惶惶。

太晤士报劝政府速在直隶海面大集水师，以耀兵力。

西三月二十八日

西班牙致美国覆文谓无可再让。其所有在大西洋各属岛之君权断不能为人侵夺。

华盛顿（美都）近接马得力（西班牙都）公牍，似西政府已愿格外从让，时局略定。

英国代理外部大臣贝尔福定于耶稣复生节前，将政府所定处置中国事宜之办法宣告大众。

德皇欲扩充海军，已经议院议定照办。

英前首相格来得司通病危，医生已告以不能医治。

(格寿已八十九岁,如德之毕斯麦,皆为百年以来仅见之名臣)。

西三月三十日

西班牙肯让之好消息,尚未探听确实。美仍戒严。

美人纷纷具呈于议院,力请为古巴解围。

英相沙侯已往滨海之处养疴。

西三月三十一日

美总统麦根来所请各款,西班牙政府现正切实会议。

西四月初一日

英外部行走议院侍郎在议院宣告,谓俄外部大臣摩拉非夫伯爵于三月十六日力言于英政府,旅顺、大连湾必为通商口岸,与中国各口一律,俄外部并未收回前言。

西四月初二日

英国驻札北京公使连日与总理衙门晤商索让利益。盖俄国经中国让与利益后,东方权力不均,英国亦须得有相等利益,始可抵制。

英水师舰队已渐集于直隶海面。

美西之事岌岌可危。美总统拟于礼拜二日颁宣战手谕于议院。欧洲各国皆力请于西政府,即饬古巴之军先行停战,以议和款。教皇亦令驻马得力教使及在美国各主教从中调停。

西四月初四日

中国已允英国俟日本撤兵之后,即将威海卫租英,闻日本之意亦许可。

中国已有明文开埠三处：一福宁，一岳州，一秦公岛。

太晤士报云驻土京俄公使照会土政府，有俄国新募之兵两万人，不久将假道土境，乘俄舰东渡。

美西交际日危，两周皆日夜严整军旅以待。西军已一切完备，立时即可应调。

西四月初五日

美西两部函电纷驰，美总统颁宣战手谕缓至礼拜四日。和局尚不致无望。

英国代理外部大臣贝尔福在议院宣讲中国事宜及英国所定办法，大致谓英据威海卫，不拟开为通商口岸，据之以免北直隶海面全入他国掌握之中。盖必得如此，而后可望中国保全，不特虚拥有国之名，且能实操自主之权。现在英德痛痒相关，可望两国互相扶持。倘俄国意在开拓商务，本无可忧之处；不幸其占据旅顺，此处除屯水师，别无他用，旅顺被据而北京政府为其箝制矣。未据之前，英国力争，谓倘俄国不据旅顺，则英国亦断不占据北直隶口岸。现俄既不从，英亦祇有占据威海卫矣。德文夏公爵在上议院宣言曰：英据威海卫，日本当不阻挠。中国允租此地时，请于英国政府，其水师须英相助，并拟派水师学生在英船习练。

西四月初六日

[《湘报》第四十号总第一百六十页

（光绪二十四年，1898 年）]

# 又

吴县李维格译

美总统忽将请战手谕展迟至礼拜一日。马得力来信，谓摄政后，竭力挽回，已有成议。驻美英公使及各国公使亦力为调停。太晤士报云：中国已允法国所索各款，如筑造铁路至云南，租广州湾屯煤，广东、广西、云南三省不让别国及大清邮政局用法国人为首。

西四月初七日

美西和局已无挽回之望。虽西国摄政后，已允美国驻西公使即颁手谕，饬在古巴之军停战。而西政府夜半会议不肯遵办，并照会美公使：西国力持前议，必须出于古巴乱民之请，方能停战，云云。西国举国之人，皆动公愤，轮船公司纷纷请给执照，劫夺美国船只（本馆按公法：两国相争，彼此商船皆可请己国给发执照，劫夺敌国船只货物。至西历一千八百五十六年，各国在巴黎大会，始将此例废去，惟西班牙与美国不肯遵废）。开战之后，两国商船必外相劫夺。

西四月初八日

西班牙已允在古巴停战，从教皇及各国之请也。惟西国武备中人则引为深耻。又闻华盛顿来信，谓虽西国已允停战，而美总统仍颁手谕，定于今日发下议院会议。其驻哈法那（古巴都会）美领事已离该处。

西四月十一日

美总统手谕内，力言古巴战事之野蛮残忍，倘听其兵连祸结，永无了期，则于美国大有关碍。倘议院之意，亦谓非美国用武调停不可，即请议准施行。至古巴自主。则必须俟其立定脚跟，方可照认。谕中又言，此谕发缮之时，适接信息，谓西国已晓谕停战，请议院从长计议，云云。上下议院已将手谕交与专议外交之耆绅会议。

西四月十二日

[《湘报》第四十九号总第一百九十五——一百九十六页（光绪二十四年，1898）]

# 又

吴县李维格译

美国上议院专议外交之绅议，欲即认古巴为自主，令西国饬其军旅即行离岛，并议欲令总统以全国之力持之。闻古巴变民亦不愿停战。

西四月十三日

美国上下议院专议外交之绅会议，皆欲立令西国饬其军旅即离古巴。并议欲令总统以美国全国之力，赞成古巴自主。

西月十四日

美国下议院已将专议外交绅耆所定之议投阄核准施行，以为然者有三百二十二人，以为否者祇十九人。上议院明日投阄，美西战争势必难免，然各国尚欲挽回。

美国水师部添购巨舰两号，作为巡舰。

葡萄牙君唐格洛颁谕，谓美国如此挑衅，若西班牙再不攘臂而前，一雪此耻，葡将伐西。

西四月十五日

西班牙政府定议听众报枪，摄政后首先捐款，贝西答一兆（事银三十万两）。

西国一闻美总统核准议院所定之议，即令其驻华盛顿之公使下旗回国。

法租广州湾已探听确实。

西四月十六日

美国上议院已将专议外交绅耆所定之议，投阄核准施行。以为然者六十七人，以为否者二十一人。议中酌定，认古巴为民主之国，以及除为古巴绥靖地方起见外，不干预其自主之权。一切内政，悉听岛民自主。

西四月十八日

[《湘报》第五十号总第一百九十九——二百页(光绪二十四年，1898年)]

## 路透电音

吴县李维格译

美总统似拟将檀香山归入版图，或先保护

西六月十五日

拟将檀香山归入美国版图之约，已在华盛顿签字，交上议院矣。日本不服。

西六月十七日

日本祗争与檀香山所立条约内，应享权利，仍照施行。

西六月十八日

[《时务报》第三十一册第十五页(光绪二十三年六月初一日,1897)]

# 英文报译

吴县李维格译

## (一)中俄铁路(译伦敦中国报,西五月十四日)

中俄东路重测,已经蒇事。末次所派工师,已由圣德堡启行,前往满州。官场传闻,约于明年底,当可成路二百五十佛士脱(俄里,合英里三之二),所踌躇者,发给工价,用何钱币?国家拟铸一专为此用之钱,在中俄边界,一律行用。然其所以需此新币之故,蒙不甚了然,除非国家别有用意。再有一理,国家现正踌躇,此系驻阴谋诡计新路者之官衣式样,有谓半宜从俄,半宜从中,尚未定见。在满洲通讯驻阴谋诡计之俄兵,连官兵已有七百人。俄政府急欲在满洲境内,各江行轮,已在英国定造轮船十五只,小轮二十只。传闻邻近松花江,有煤脉甚旺,早在新路界内,又传递部大臣之枪,测路工师,宗室克耳壳夫,呈报政府,谓西伯利亚铁路扩充之满洲一路,计长一千九百九十佛士脱,内有一千五百九十佛,须经过满州及中国地界。此路起头处,地名阿伦,尽头处所,系尼格可士克,此重测之路须经过宁古塔、库郎根、齐齐哈尔，由此转南至伯都讷，其远处地段，尚未测量。宗室克耳壳夫之意，凡所需材料机器，应悉向欧俄运来，较为上算。工匠半用俄人，半用华人，由俄派兵两部，驻防路工，其逐段工师，系宗室克耳壳夫，格士霍夫君、容耳司乞孟君、普欣士格君。另有查工十六人，业已到工矣。

## （二）借款传闻（译伦敦中国报，西五月十四日）

中国借款之事，目下传说，正是纷纷。日本借款才成，忽路透又于本月十三日，自北京传电，谓有一英公司借与中国十六兆镑，草合同已经签字，而数日前，此间亦有一人谓渠已议成一借款合同，惟银行与大众所欲知者，系此等借款，以何担保，其关税已经相抵无余，中国必须另外设法担保，否则伦敦无人再肯出借。所传有一草合同，已经签字，亦系意中事，惟此间有名行家之力能经手此等运款者，则绝无所闻。有数家曾有人与谭及，而不愿与闻，故以势推之，未必能成。中国应赔日本兵费，到期者已交，西十一月内应交者，亦已预备，现在何以又欲借此巨款，殊不可解。伦敦有一日报，论及借款，所见甚是，其说曰：伦敦银市，不甚愿借巨款与中国，而凡曾经与中国有交涉者，皆欲成之。盖谓华人若与开诚布公，实可深信无疑。其贸易中人，不若东方有几国人之不可靠。此几国人者，固自负品行与教化，在中国之上者也。华人之贸易者，倘为人所欺蒙，渠惟与之绝交而已。若与诚信相孚办事，华人实甚直爽也。

## (三)烟台美领事商务报

## (译伦敦中国版,西五月十四日)

美麦伦君,告我烟台丝制栏杆(南人名曰花边)大略情形,此项丝制栏杆,既佳且廉,在美国定可畅销。中国有许多手艺,不特西国不知,即寓于中国者,亦大半不知,宁波所出顾绣,虽欧洲亦不能再胜。该处由天主教慈善会女教士,提倡中国妇女,所组长欧洲宫内服饰桌罩垫以及各种顾绣,实皆华美非常,惟上等丝缎上花样,如翎毛花卉,则皆来自巴黎,丝与线绒,系本地自制,悉为上品。此等中国妇女工价,每日不过美国金钱一角,其廉可知。数年前,女教士为欧洲一皇家特别白缎上绣金竹枝服饰无数,倘向宁波女教士索样,定可得到也。美麦伦之言曰:烟台手制丝栏杆,兴尚不久,不论何色,皆可定制,平常所制,乳白色居多。作工者均系贫户工人,归山东劝工会总理监督。其幼女大半在学堂工作,年长之妇,则各在其家。制造栏杆,须洁净勤快。此二层倘能使此等妇女习惯,为益甚大。所用之丝,皆系上等,所出之物,非上品不及。有曾充学生数,在外另起炉灶,制造栏杆,其物远逊。故劝工会总理,设法总保护此业,务使买者行真好栏杆,现在已有如干,寄至美国,倘有殷实商家经手,该会总理愿与往来。市上无论何等手制栏杆,可保不能再胜。倘要货样,可向烟台之山东劝工会总理美麦伦索取也。

## （四）暹王游历（译伦敦中国报，西六月十四日）

暹王于西五月初六日，行抵苏彝士河，往欧洲游历。该处地方官，供张款待。王之坐船于初七日昧爽，进河之口，至意士美利亚（苏彝士河北岸），游览其城市。既已，即回船展轮至泊脱赛特（埃及地，苏彝士河北岸），是处地方官，又备供张。于初八日始驶往佛尼士（意大利省会）。暹太子及随员，于初七日自伦敦启行，至折尼法（瑞士国地），与暹之新王司法士帝索勃哈纳取齐，同往佛尼士迎王。东方君相，游历我土，我都人士，视为新奇之事，不若欧帝王之游历，数见不鲜，一则我视东方，至今犹如海外神山，烟云缥缈；一则人心好奇，厌故喜新。德皇或法国伯理玺天德来洲我国，我惟恪恭枪迎而已，忽有一可汗，或一苏丹，或一玛哈喇耶（西人称印度土王之名），或一李中堂来游，彼如觉来自开外，闻之心中别有一种境界，如儿童之喜闻谈怪。暹王此游，其新奇不逊去年李中堂之来，两人事业，亦相伯仲，盘根错节，力图维新，皆可谓识时务者。英人欲知东方变法之难，可自设想，有一英人，欲其国人遵从印度中国阿剌伯风俗，无论如何美俗，易乎不易乎？然而暹王之事，尚较易于李相，其民顺以柔易治，且亦不若中国之守抱经史，昂然自满。所虑者基顺柔出于懦弱，似易实难耳。至于外交，亦动辄为人凌逼，盖暹罗如中国，屡受外人侵侮，所以不即糜烂者，仅恃他国之亦有瞻顾，挺身而出，然暹王竟能不畏其难，励精图治，不特因时制宜，电器与汽机并用，且能取法西国律例之长，以整顿其比中国、土耳其尤弊之政治，除去买奴恶习，遣太子至欧洲游学，以为倡率。今且远自西游，凡西国政治学问艺术，向所习闻者，躬柔而目验之。其游历坐船，承其盛意，请英水师官驾驶。下月适为我君践阼后六十年之盛典，甚愿王之来会。然有一国，最易启疑生妒，王不能不虑。盖王若欲得法国之欢，以冀保全族类，则法国必须先到矣。六月底可至维也纳（奥国京城），至伦敦时，约在七月之杪，中间已历意、法、奥、俄、丹、瑞、瑙等国，所排各国次序，或有用意，先游各大国，而德国编留最后。其意仿谓末游柏灵（德国京城），则别后追想，犹形历历在目。亚洲国群出游六月之久，实属非易。猫不在室，鼠即跳梁，犹不足以譬东方之君不在朝，阴谋即起之险。然此层暹王似坦然不虑，托其朝政于后，并心腹枢臣五人。有与美国交涉一事，暂置不问，俟回国再理。其新政之足纪者，曼阁（暹罗京城）至壳勒铁路，已筑至阿尤梯亚。此路法人劳纳生产六年前，曾谓于湄江商务，甚有关碍。壳勒系中国与南暹罗中间一大商埠，法人欲汇此商务于湄江下流，而壳勒铁路，则夺之以归曼阁。现其至阿尤梯亚第一段落，尚无大利，不过稍补就地行商，所余七十六英里，地形渐高，筑造较难，大约九十九年底，方能竣工。本拟接筑至南陔，在湄江之第一湾头，北纬十八度，东经一百零二度五十分，而一进未能见诸施行。有法国公司拟筑铁路一条，自曼阁至拔顿蓬。暹王要其在曼阁注册，为暹罗公司，然后允准，盖有鉴于前辙，不能不先事预防，以免别生枝节也。为法国商务计，自拔顿蓬筑一路，至肯提亚（越南地，湄江西岸），较为有益。此次暹王之来，必议及路事，其何以暹路不直达西贡。当徐闻其详。亚洲国君，权利独揽，故此等事，一定议及，不若欧洲国君，不能独断独行。李中堂来游，所谭乃枪炮、机器、税则等事。暹王于雍容酬酢之间，亦必谭及铁路等事。惟愿王此次来游，所见悉如所望，凡可法可喜者，咸记之以归，回国后尚足以资补游也。

### （五）朝鲜遣使（译伦敦中国报，西五月十四日）

鲜王特遣使俄之臣，已坐俄兵轮煞拉秃夫，行抵阿串煞（俄国黑海口岸）。使臣闵泳光，系去年至木斯科贺俄皇加冕礼者。另带随员多人。闻有鲜王亲笔之书，由使臣呈俄皇。

### （六）朝鲜入会（译伦敦中国报，西五月十四日）

朝鲜大臣已照会现在华盛顿聚议之万国邮政公会云：朝鲜亦可以入会。

### （七）日本船坞（译横滨日日报，西六月初四日）

扩充水师，振兴商务，则船坞亦须因之而加。日本自前年军务以后，添购船只不少，而国中船坞有限，故往往驶赴上海、香港两处上坞，修理不便甚多。日本一国，有船坞十五处，惟除长崎、横滨外，其余皆系小坞，难容大船。横滨、大坂、箱馆等处，现已有添造者，有尚在筹画者，将来一律告成，可无不便之虞矣。

## （八）电浪新法（译横滨日日报，西六月十一日）

有一意大利人，寓于英国，名马克尼，年仅二十二岁。得一新法，名日电浪，《斯脱浪月报》纪之甚详。英国邮政局电股长泼利士君，系电学专门名家，渠意此法一出，电报不用线杆之日，当不远矣。据马克尼自称，用大小合度、力量相当之电机，数英里之遥，可凭空发信。现用哈子法之电浪试验，竭此浪之力，究竟可及几远，为传递消息之用。又于一英里之外，设一电机，并在隔一山处，亦设一机，激动电浪，则两机俱应，是则电浪竟能穿山矣。山大约有一英里之三，惟历试之后，觉哈子电浪，穿力有限，渠可另出一种电浪，无论何场，皆能穿过。哈子电浪，遇金类及水即止，激发哈子电浪之力，足以激发马克尼之电浪，其法亦同，而两浪之力量则迥异。现在马克尼已呈请新法执照矣。马克尼浪，无折回之病。近在沙士钵里泼灵地方，用八号三度湿电试验，远及两英里，又在邮政总局，亦用此项湿电及发电时电器试验，穿墙七堵，远一百码，照此传递，可远及二十英里。路之远近，惟视激力与生浪二电机之大小。马克尼以为在英国设一五六百匹马力之汽机，于一四十尺见方室内，再在纽约，亦设一机，马力及室之尺寸如之，伦敦、纽约，即可通电，所费不过十万金镑，此为海线各行所不愿闻者也。目下渠正试验在岸与灯船通信之法，其浪自十寸至三十码长不等，每一秒种，有二百五十兆层，若安设此机于船内，可知来船之远近，或有雾，两船遇于一英里内，电机触发，警钟即鸣，并可按表以索来船之向。马克尼且谓设此电机于一小船之中，于二十英里内，无论来船多少，可将其药弹枪，悉数轰炸，倘药弹枪内有两铁钉，或线或板之引电者，则船桅上瞭望之人，犹未及见，而全队已成粉碎矣。据马克尼云，在一英里半外之火药，渠已用浪辍炸，衹须插两铁线或板于火药之内，鼓动其电，火星即出。既可施于铁甲，当亦可施于陆军，然则火药从此了结矣。格致之为用，不诚乎哉?！惟攻击生番，尚有用处，因其不知马克尼浪。至若以之施于教化之敌，则用之者，更险于来敌矣。

[《时务报》三十一册第十二至十五页(光绪二十三年六月初一日，1897)]

# 英文报译

吴县李维格译

## （一）记高丽变法事
## （译朝鲜西字月报，西五月十五日）

噫，高人维新之意，不谓至今日而烟消影灭也。三年前，东学党事起，日本乘隙而入，窃以为高社将墟矣。乃战务既兴，竟因此脱去中国之羁绊，维新之机，被日本威迫而出之，于是通国人心，奋然兴起，虽执政有数人傲然引退，若将浼者，而舍此皆欢欣踊跃，以望维新之治。凡稍有知识者，莫不以正颓风，除苛例，为当务之急。是诚高丽开国以来所未有，而高廷之所以鼓舞其民者，于斯可谓盛矣。维时改正朔，尚平等，除罪及妻孥之虐政，祛买奴劫娶之恶习，而赋税之通，亦思有以整顿之。高王置相，始于西一千八百九十四年季冬，其人虽未一洗守旧之意，而似能赞成新政，众议又竭力求新。当斯时也，譬如病者遇良医而可以瘳矣。高丽经此一番整治，而朝廷至浩莫大之权势，为所区限，不复能操纵自由，推陈出新，功效颇著，由是高丽之民，得优游于宽政之下，乃四阅月而高后遇害，高王遁依俄使，斯时之王，徒拥虚名，无复举动，数月前所行之政之法，固不能半途而废，亦不能舍而之他，进退维谷，中立徘徊，而守旧之意又起，振兴教化一事，弃如敝屣，然而局势至此，其犹能为故道遵乎？后王自俄使馆返驾城西故宫，下诏派员修改律例，及一切章程法度。维新之徒，闻诏大悦，且属望于奉派诸员者甚奢，而诸员中亦不乏声夙誉著之人。执政大臣金炳西，直言敢谏之君子也，前美使执政大臣柏庆扬，忠诚可恃，社稷臣也，外务大臣叶望尧，年尚少而慷慨独立，百折不挠，前曾力拒同朝之意，以通国兵权付诸他国武员之乎，其志识可知矣。西士之奉派者四人，西四月十二日，诸员始开会，聚议后，再会三会，以讲求美善之法，并择人办理会事。窃谓高王之志，诸员必有以成之矣。岂意诸员始勤终惰，第三次开会以后，忽纷纷告退，变法之说，竟成话柄，振兴之望，于是乎绝。嗟乎，起伏无常，变端不测，未有如高丽者也。道旁筑室，可胜叹哉！

## （二）西儒非立泼及哀生论高丽税务

## （译朝鲜西字月报，西四月）

高国税务，余颇留意焉。然其实在情形，终求之而不可得。良由该国于一切报册，皆不宣布于外，不独税务为然，故外人莫从而知之也。虽然，余尝以意测之矣，以余所见高民之所献纳，若能点滴归公，用得其当，尽足敷高廷之用。

一千八百九十六年，高廷入款，计四百八十九万九千四百十圆，出款六百三十一万六千八百三十一圆，出入相比，不足一百四十一万七千四百二十一圆，借洋款以补之。然此仍是悬揣之数，至于确实数目，决不止此。惟不见有官中册报，无从究察也。

地丁钱粮，为高国入款大宗，如所悬揣之四百八十九万九千四百十圆，盖钱粮居二百四十二万八千零三十三圆，地丁居一百四十七万七千六百八十一圆，此数似是核实。然无论果否核实，即以为与实数上下不远。余亦不知其何所据而云然。

近来高国户口，日渐增多，地亩亦日渐垦辟，而入款不较前为多，其故盖由于肉食之徒，不知检查户口地亩之实数也。松懈若此，高民宜暗受其益。岂知高国官吏，视民之所有如己物，需索惟恐不尽，故此仍非民间之利，而贪官污吏之种也。国家之所得于民者一，而民之所以奉其上者，二犹不足，而何利之者焉？是非传闻之语，而余之所深知也。此等官吏，布满于高国京城，及各郡县，不耕不织，惟欺国欺君，剥削其民以自养，盘踞国库，如债主之于欠户，勒索百姓，如盗贼之于行旅。故区其等类，可谓之曰无业类。

高国税法，日坏一日，而侵削中饱之数，亦日深一日。高官之有权势而狡黠者，又新派多人，助桀为虐。故此数年来，民之受困已极，几乎十室而九空矣。或谓余曰：今而后木尽而虫将毙矣。余谓根株已深，虽毙而经终不能绝也。

高国每年出款六百三十一万六千八百三十一圆，有益于民者，衹十四万九千零九十圆，其中以十二万四千二百六十八圆，为学校之费一万五千圆，为公家工程（如修路等款）之费，五千八百二十二圆，为留养监犯之费，其余则尽为官俸，及无业类人囊橐中物也。

夫民之所以纳税于国家也，原望国家有所资以益我卫我也，而岂知仅以供无业类之剥削，余甚为高丽惜也，以小民有限之膏血，填彼等无穷之欲壑，朝廷官爵，若专为收养无业类而设。

官不必备，惟其人。高官若能尽心为国，则三分去二，已足了该国之事。故为高丽计，冗员不可不汰也，统内外大小官吏，三分而存其一，则每年可省钱款之半，以所省之款，立学校，兴制造，开矿产，筑铁路，而以被汰之员充其役，使彼等既可资以练习，又可借以生活，积久之后，当深喜其向日之被斥，而此时之得以自食其力也。是犹费洋二三百万圆，以教化无业类，而归之于正也，不亦善乎？

此外则税则宜改定也，而此事行之实难，非假手他国人之能胜其任者不为功。

高丽国家银行宜创设也，银行者，国赋赖以兴盛，商人借以流转，其有关于国与民者大矣。目今高丽国家，已制有铜及格而，及白银钱，而该料俱以重价购诸日本，即由日本制就，运送高丽，是名为高丽之钱，实则高丽钱局，仅盖印于其上耳，如此，则于高丽何益乎？以余观之，该国所出赤金，每年值银三百万圆，国人不谙制炼之法，以生金输出，仅得极贱之价，若国家收而铸之，或为钱，或为条金，以流通市上，则国家可以行纸币，而银行之运掉灵矣，且国家每年存金，值洋二百万圆，十年之后，积成二千万圆矣，余更可以预决[言]曰：以余说，行高之政，他日高国入款，必渐兴盛，藏金之多，及其他利便，尚不在其内也。

夫措施之道，必有次序焉。今日之高丽，其首要在减官以节费，次则制定税则。费节而税则定，则高廷有所借以整顿，训商迪工，以为裕民之本，购置生金，以为富国之本。

## （三）中国借款（译伦敦记事报，西五月十五日）

传闻中国又议借款十兆镑，以关税作抵，与议之人，名威而生，系英国某公司之代理人。其已否议成，及如何办理，尚无所闻。蒙前论中国关税之可作抵者，已极式微，故伦敦殷实可靠行家，未必肯议，除非有大国作保，或别项国帑作抵则可。

## （四）派员验船（译伦敦中国报，西五月十四日）

中国水师官两人，已到德国，闻将遍阅其船厂。现在中国在德厂，定造师船七只，士得丁地方发而根厂，造快船三只，哀而并地方希却厂，造捉鱼雷船四只。快船容积二千九百五十吨，马力七千五百匹，汽力十九诺脱半，吃水衹五密得（法尺，合英尺三十九寸三七），每船装快炮十七尊，麦格净炮六尊，另有船炮一尊，及鱼雷。其捉鱼雷船马力，系六千匹，每点钟可行三十二诺脱，皆由所派水师官两人监造。

**（五）俄人用心（译横滨日日西报，西六月十六日）**

有一法报，言百年后，中俄铁路之大有作为。俄人早已窥见，惟彼现在尚无他意，但聚精会神，以考求此路之利益耳。俄人知此路为散布教化之枢纽，且预知中国虽欲坚拒，而终必顺受。俄工师克拉夫司盖，近在国家工程学堂，宣言于众曰：英国之举动，我俄实可师法。在印度，祇养兵八万人，而已足制服二百七十兆土人，无他诀，惟不与土人杂处耳。一寻常英兵，即颐指气使，有数印度人伺候，或待其更衣，或为之打扇，于是乎而英国之权势日隆，然则英人之能作威福，不足多乎。此诚非仁者之愿为，而治亚细亚人，则惟此法为最得。凡与华人有交际之官，或工程师，皆应恪遵此法也。

**（六）土耳其军务用款（译公论报，西五月廿一日）**

土廷运兵及运用兵所需之物，欠铁路各公司七兆佛郎，由希回土，运费约需六兆佛郎，海运一兆佛郎，共费十四兆佛郎，两月陆军水师，养费九兆二十万佛郎，战马军器药弹，约费英金十六万镑。另有杂费英金三十五万镑，共英金五十一万镑。惟此项费用，祇可作半，盖马与各物，尚有存者，废去不过五成，约英金三十五千镑抚恤死事兵弁家属款项，至多二兆佛郎，为希腊师船毁坏沿海地方及枪炮，亦算二兆佛郎，统共约费三十四兆佛郎，再加有余不尽之款二兆佛郎，约共三十六兆佛郎。（照原文译出，故数目不符）

## （七）土索和款
## （译上海字林西报，西六月二十八日）

土耳其所索希腊和款有四：一割据赛色利地方，二希赔兵费英金十兆镑，三废去驻扎土耳其希官管辖其民人之权，四订立两国互交越境逃犯。此系土耳其故意重索，尚可议减，东方人交易，大概如是。伦敦《太晤士报》细算土国军务所费，不过英金一百五十万镑，现各国饬其驻扎土京之公使，照会土政府，第一款不能照办，或为用兵起见，稍改赛色利之边界，则尚可商议，第二款可行，惟须议减，第三款不能照办，第四款可行。

## （八）日本借款（译伦敦记事报，西五月十五日）

日本借款，本已议成，而忽然中变，现闻又有成议，下礼拜即可揭晓，初非外人所及料也。或问曰："日本尚有应收中国赔款英金十三兆半镑，何以尚欲借款？"答曰："一因中国应付赔款，尚有五年之久，一因日本除添购船只军械，筑造铁路，及他项工程开辟台湾之外，尚拟鼓铸金钱行用，所以需金甚巨。"蒙以为日本创用金钱，因知后必须向欧洲借用巨款，金钱通行，则借贷较易。当与中国用兵之时，日本政府经议院议准，可借银二百五十兆圆，彼时不知何时可以息战，能否可行中国赔款。及至战停结算，所借不过银八十兆圆。和议成后，其准借之款之一半（银一百二十五兆圆），政府诀计不借，只借除已借外之尾数四十五兆圆，现拟借者，即此数也。议准借款，系在议行金钱之前，故借券之上，仍用银钱一之数。惟政府照圜法新例，将来在伦敦还金，按现在时价，每银一圆，作二先令一本士，是则名为银款，而实则金款，盖本例皆照定价还金也。何以该政府不将旧准借款销去，而另请新款，则非所知，大约此时不便于求议院耳。所议借款，何时揭晓，及如何付款，尚未大定，惟利息则已定周年五分，此事必底于成，传闻款已有著矣。日本与中国议和之时，俄、法、德出而干预，将日本所筹定者，全盘挠乱，盖日本索中国赔款，宽与年限，并未约定中国借到款项，即应照付赔款，其意似非不愿中国不付，因有结实之保，不付则可据而不还也。孰知俄、法、德挺身而出，以致日本所算皆左。现在中国因欠日本英金十三兆半镑，但宽有五年，只须陆续按期照付，毋须借到多少付多少也。风闻中国又借巨款，不知何以抵偿？去年中国海关收数，只有英金三百二十五万镑，所有已借之款之以关税抵偿者，每年应还本利，约计二百五十万镑。诚然至一千九百零四年之后，可逐渐减轻，而七年之内情形，则实系如此。然则现在只有英金七十五万镑，可抵新借款项也。日本目下借款，将以添置船只，购办枪炮，筑造铁路，开辟口岸，即将中国赔款并算在内，已经入不敷出；况此后出款，必有增无减，倘或并中国赔款而无着，日本计将安出？或者中国另借巨款，大兴水师，以与日本一决雌雄，日本又将奈何？即使日本陆军水师，皆为劲旅，而行军之费安在乎？

## （九）日美龃龉

此次废檀香山女主力利鸟卡拉尼，而据有其国者，系向本传教之美国人，及他亡命之徒，具意迟早欲将该数岛献于美国，日本深衔恨之。前不准日本迁民之往该岛者登岸，自今观之，显系若辈设计，以辱日本，欲逼使美总统麦荆来该岛归入版图，不谓竟得如愿以偿。神户西报，谓日本定不甘服美国收属该岛，其议员与日报亦必鼓噪其政府，不肯甘休，不特议员与日报也。日本一国，将为此事，群哄而起。美国则分为两党，不以收属该岛为然者居多。此皆志成持重之人，观日本索赔，且力争条约内所载利权，准日本迁民前往该岛。然此两层，美国未必肯依，倘意决裂，孰胜孰负，自可预知，特美国亦不能不费力耳。该数岛，约有日本人二万五千，大半曾经训练为兵之人。火奴鲁鲁（檀香山都会）距旧金山，系六日程，而距横滨亦才十一日，况日本水师，未可藐视耶。美国收属檀香山，于英国无所关碍，倘日美竟致开衅，英亦必守局外之分，惟兵凶战危，自应尽力以消弭之。美国上议院，拟拨美银五万圆，为修治檀香山口岸之用，目前议院覆议时，从之者甚少，投匦后，违者有八十五人，从者只五十三人耳。

## （十）美筑高路

自高京至仁川铁路，已由高廷允准美国某公司创造，总理为美人毛斯，不日可以兴工。西历五月中，另一美人，名来亨脱者，亟亟赴高京谋干，而已无及矣。该路所需地段，由高廷让给，不必出资购买，该公司只须布轨设站等费而已。订期以十五年为限，十五年内，该公司有管理此路之全权，其满，高廷可以出资购回，价值彼此公议，议不合，则彼此各请公正人裁断，倘期满不购，则此后每届十年，任高廷之便，欲购即购。该路所需办事之人，大半用高国在官之人。夫此路之成，高国商务之奋兴，可操左券也。且使高国人士，有所观感，而知至要莫大之所在非徒习西国语言文字，及一切学问之粗浅者而已可也。培材书院，为高丽国学，生徒济济，大都志在公使之译员，与郡县知事而已，何足道哉！况此路不过发轫之始，他日必由此推广，以遍及于通商各埠，其益高为何如乎？平壤煤矿，出白煤甚佳，足以供火车之用，惜乎离高京有一百六十英里之遥，若从他处购煤，必由水道运来，水运不能直达，路头有起驳担运之劳。为今之计，宜急筑自高京至平壤铁路以运煤，则公司不必外出购煤，较为利便。执笔人既志其事，因抒己意曰“此后高国人士，再不留意于泰西精美之学术，我等当甚为失望。近时高国学者，稍知尽心于筑铁路、开矿与机器制造诸事，不第沾沾于中国旧学，此风既开，年少新学之辈，自知西来学术，比向来所习之大学小学为要，虽欲守旧而不可得矣。若此，则五百年来故辙，为之一变，我等之所喜也。

## （十一）暹王游历续记
## （译伦敦中国报，西五月十一日）

暹王于西本月十四日，驶抵弗尼士，岸上声炮致敬，船中答炮如礼。有折努亚公爵，特至弗尼士迎王，暹罗太子及公使，亦由陆路来迓。十六日午前十一点钟半，折努亚公爵与地方官，陪同暹王，及其随从登岸，有炮兵一队，在车站之外，手枪排列，站内有水师乐兵一班，奏暹罗国乐。王之坐车，于十一点钟四十分，开往弥伦，在该处大礼拜堂游览一周，即往克以亚索。十七晚，行抵折尼法，瑞士地方官，及驻扎柏灵、巴黎之暹罗两公使，已在车站恭候。其站用旗帜花草，点缀可观。瑞官致词，以伸欢迎之意，暹王操英语答之，遂乘马车，往非拿泼浪金旅邸，已预备供张。王即于旅邸中，款待各人。西本月二十五或二十六，王拟往奔纳（瑞士京城），晤其执政诸人，再往折努亚及罗马，然后北往圣得堡，已在西七月初二日。此处小住数日，即往木斯科，后仍折回圣得堡。在俄时，俄当竭地主之谊款待。游俄后，即至士秃霍耳末（瑞典京城）及克立士梯亚纳（瑙威京城）也。

［《时务报》三十二册第十二至十七页（光绪二十三年六月十一日，1897）］

# 英文报译

## 德皇酬庸

德皇以胶州一事，其外部大臣，男爵方卑洛，颇著劳绩，特赏红鹰宝星，以宠荣之。

## 英人请缨

自德掳胶州后，各国皆纷纷徵调，待时而动。英国属地坎拿大，团练兵弁一鼓作气，跃跃欲试。倘东方事起，赳赳者皆欲请缨东渡，为国效死。夫国人之气如此，焉得不强？胜败利钝，其不尽在训练之精与铁甲之坚欤！

## 路透电音

伦敦太晤士报驻劄北京访事人，电致该报云，越南东京地方，有一法人为中国流寇所诱，一去不返。法国立索中国偿款，限期八日，倘期内不偿，法即在南边启。

日本政府已照会中国，所商赔款展期一节，不能允从。西 2 月 11 日。

俄国巡船，名太姆卜夫者，已在黑海海口奥得萨启行，遄往海参崴，载有俄兵千名。西2月15月。

## 借款传闻

上海西报云，得北京消息，谓荷兰公使瑙佩尔拟代中国筹借英金4000万磅，利息5厘。以尚未抵押之关税作抵云。

（以上译自《字林西报》，译文见《湘报》第13号，第52页。）

## 西使藉口

向例显岁发新。皇上御殿受外国使臣朝贺。上月，总理各国事务衙门照会各与国驻埯北京公使。皇上于是月25日御殿受贺，而各使皆辞，以所订日期距元旦太远。闻首先辞谢者为奥国公使云。

（译自《字林西报》，译文见《湘报》第15号，第60页。

中国已与江丰、德华两银行议定，借英金16兆磅，利息4厘半。

中国内地水道定于西6月内开禁。西2月24日。

中国新借之款，系以向来抵出之关税及厘金若干作抵。西2月25日。

（译自《路透电音》，译文见《湘报》第 20 号，第 80 页。）

英外部侍郎克生在下议院宣读俄外部大臣伯爵摩勒非夫致英公牍。谓无论中国何处口岸若占据，必听各国通商。

（译自《路透电音》，译文见《湘报》第 21 号，第 83 页）

希腊国君挈其女驾车出游时，突有两人各执来富枪向东施放。九击皆未中其君，惟伤一从者。君以身障女无慌张之色。警信传播，闻者发指。向晚百姓数千人聚于宫外，慰君起居并宣读爱戴颂词。礼拜日大教堂内唱赞美之词以谢天佑君。赴礼拜时沿路百姓皆欢呼鼓舞。惟罪人则尚未就获之。

法外部大臣哈诺托告英国驻扎巴黎头等公使，云：法国决无步武德国占踞中国水师险要之意。

中国借款英国代筹其半，现已筹妥。招买股票每百九十。利息四厘半。

（译自《路透电音》，译文见《湘报》第 22 号，第 87 页。）

英首相沙士伯雷候病医生不肯听其再理公事，劝于七日内即往欧洲之南海滨静养，外部公事暂由贝尔福君代理。

外部议院侍郎克生君在下议院宣言，谓政府已力筹保守香港之事。

重庆府附郭美国教堂又有乌合之众滋闹。堂内助教士施医之华人皆为所殴辱，一人被害。

日本新举议员政府党居多。

中国欲留旅顺而愿将大连湾租与俄国并听其筑造铁路。

法外部大臣哈诺托已与中国驻扎巴黎公使开议法国所索各款，如中国不能将广东、广西、云南、贵州地方让人，龙州铁路应准法国接至云南雷州，准法国屯煤。

中国借款已在伦敦柏灵招集。

英国海军大臣戈兴宣言云，英国各船厂现为日本造战舰、巡舰八艘，攻鱼雷船八艘，并为中国造船两艘。

中国尚未覆法国之信。

大局未定。中国借款英国尚只招得三成，然全数已有人保借。

伦敦太晤士报得北京电谓，俄所要索中国已全允。

英国水师全队除一艘外，定于礼拜三自香港北上。

（译自《路透电音》，译文见《湘报》第 31 号，第 122—123 页。）

## 大局日危

上海字林西报云：瓜分中国之图指不胜屈。现在法国已留两广云贵为日后占据地步。英所注意者系扬子江一带，即江苏、江西、浙江、安徽、湖北、湖南、四川数省；德要山东；俄要满州。此系瓜分之大致内容，或稍有出入。其瓜分之期则人人意谓不远矣。英固不欲中国分裂，然到势不能免之时，亦只有自顾而已。

法国藉口别国已得中国利益彼人不得向隅，因要索四款，限中国于八日内覆信。一、云南、广东、广西三省不能让与别国；二、广州海湾（约在香港之西南二百英里）租与法国，其条款一如胶澳；三、准其由越南之东京筑一铁路至云南；四、中国邮政为首者须用法人。

（译自《字林西报》，译文见《湘报》第 31 号，第 123 页）

美国水师舰队已自克依魏斯特（在美国之南墨西哥海湾）鼓轮前往哈法那（古巴都会）封堵该口。其陆军调齐后亦即前往以便水陆并攻。

香港已颁示晓谕恪守局外之分。

美国师船已将哈法那堵塞。美国各口岸皆奉命埋设水电。总统麦根来出令招募义兵十万名。

总统不认美国有收属古巴之意。

美国巡舰掳获西班牙商船两号。有美国商船名希能多者装载麦粉前往彼国亦为西舰所掳。

西班牙师船行踪极为秘密，其肯否不掳商船一层犹豫不决。

美西开战后，英国面价大涨。

英国交涉文件全录（俗名蓝皮书）刊有英俄两国来往争论旅顺公牍，词甚严峻（相持甚久）。

美国诘责香港政府不应于尚未宣战之前先颁局外告

示。

总统麦根来下手谕于议院。自本月二十一(西历)起开战,令议院议决。上下院已议定遵照施行。

西班牙不肯舍弃掳劫商之例,竭力添置巡舰。

西班牙水师舰队尚在圣得佛因生得(大西洋中一岛),大约明日启轮。

美人又掳获西船。大者三号。其一载有贵重货物。较小者亦数号。

南洋英国各属于昨日颁发局外告示。

香港来电。美国水师舰队明日下午开往小吕宋。

印度及英属皆已恪遵局外之例。

美政府令举国招募义兵。

美国一时未必有大队陆军前往古巴,一因军装难齐;一因正值古巴多雨。

(译自《路透电音》,译文见《湘报》第 66 号,第 262 页。)

中国赔偿日本兵费已在伦敦扫数付清。其款付入英国国家银行候日本拨用。

太晤士报论云,吕宋各岛归美国占据最为妥帖。若法德俄欲染指其间,则英国不能释然。

美国派兵五千名往守吕宋,俟在旧金山取齐即行。

美国上下议院定议,公谢水师提督德威君吕宋之胜。

美国鱼雷船一艘名渴斯洛在古巴之北孤战西兵船三号,毁其一而退,毫无损伤。

西班牙民情甚汹汹。

意大利民变，境内已行用军律。所有铁路皆归陆军管束，并严查报章。自意国各邦合一以来，未有如此之危险者也。

年中有英兵两营自印度调往威海卫。

美国派陆路提督梅立德统带前往吕宋各军。其半系常备兵，半系义兵。

西班牙首相在议院宣言曰：西国有进无退，当死战至终。

西班牙大西洋水师舰队已到马体尼克（大西洋岛属法）。不久必有大战。

美水师提督珊柏生领舰九号用开花炮轰击比欧笃立哥（在古巴之东南，西国属岛）之都会圣卷，同时并攻古巴襄弗于格斯及卡的纳斯两处。欲登岸，皆为西军击退。其卡的纳斯一战彼此以死力相持。美鱼雷船渴斯洛并炮艇两处进口猛攻时，渴斯洛之锅炉为西炮所击毁，不能再攻。炮艇欲拖之而退，而艇上药弹舱又为西弹轰裂，死一千，统及兵六百名余皆受伤，所未受伤者只三人。

英国兵部行走议院侍郎谓，并无在英国调兵前往威海之事。

俄政府买格并君赛马一匹。其价英金二万五千磅。（约合华银二十五万元）

英国政府大臣钦柏林在褒敏亨地方宣言，谓外国时局甚为危险，英国孤立。所有各贡属须通力合作，一气呵成。美国同一支派亦应守望相助，倘能底于英美联盟，战亦值得。目下中国大局危急万分，而英又不能孤战。俄罗斯为可虑。（指有德法相助）又谓：关系英国利害未有如今日中国之事。然英若不欲过问，则已。苟欲过问，则非与别国联盟不可也。

英大臣钦柏林之言，美国报章皆盛称之，极望英美联盟。西班牙人则甚愤愤。至法德报报章则谓钦大臣之言徒乱人之意，深惜之。

钦柏君在褒敏亨宣言内有指摘俄国爽约之语。（指旅顺不通商）欧洲各国报章议论纷纷，市面为之一紧。

美国拟派兵一万五千名至吕宋，不止五千名。

沙侯在上议院宣时，伯爵金伯雷起问沙侯。“钦柏林君之言用意何在?”沙侯不肯回答。惟政府政策未改，仍欲保全中国。扩充商务，修睦与国占据威海系壮中国人胆。杜人逼胁又云：中国有勇敢之民四百兆。而谓能驯于亡不能信之。（西报痛诋沙侯昏聩，言其能再执国政，盖谓称中国为国者惟与图耳？沙岂不知只须派水手千余人不发一炮即可占踞中国，无论何处口岸耳。）

（译自《路透电音》，译文见《湘报》第75号，第298—299页）。

## 记破格接待亲王殊礼

上海西报接京电云中国皇上于西五月十五日在海子

延见德亲王亨利。王进见时偕德公使男爵海靖、翻译官男爵郭尔滋乘马同行。前有水师卫队同行，见皇太后略谈片时。次见皇上毕即乘海子小轮回邸，盖禁内已为新王预备行邸矣。王在禁内盘桓一日，皇上即于是日答拜与王燕谈甚久。其时惟德翻译官侍侧传语。皇上持赠德亲王礼物甚为贵重。内有皇太后御绘两笋云。

（译自《上海西报》，译文见《湘报》第75号，第298页。）

## 中日联欢

上海字林西报云，本馆闻有近日通达人士拟说日本皇帝请其来华与中国之皇帝会晤。此事倘能如愿，则不特中日可望联盟，以保东方大局，且日皇或能劝驾出游，破除九重深禁之隔绝，一观万国梯航之气象。本馆引领望之。

## 争赴前敌

上海字林西报云，美西开战后，美人争赴前敌，一国如一人。尤足纪者，寓美英人亦购械裹粮争告奋勇。寓希卡哥者，已有千人整队前驱。而在英属坎拿大之美领事更应接不暇。请往古巴助战者纷至沓来，领事署外甚行拥挤，其众皆向署中所悬美旗，欢呼跃跃，以示敬爱。此又英美一家之实据也。

各书院学生亦大动公愤，纷纷整队赴敌。盖美国国家各书院学生来无不操演武艺，其教习皆京军中干练之员，而军械又皆美国最精最新之器。故美国除常额兵外，首推书院学生也。

保险公司则任其所保之人赴敌。阵亡者，一律抚恤。银行则代政府筹垫款项，不索酬劳。此外，富贾钜公，命妇弱女，有报效器械船只者，有弃津益要显而从军者，不可胜数。

红十字会领袖闺秀巴顿女士近日自古巴回美，部署一切，然后带领会中人与军同渡，随营医伤。

译者曰：美人争赴前敌，一国如一人者，盖国家视国人如子弟，国人视国家如身家故也。英人越国而请缨者，固由于英美一家，而亦以美救古巴为义战也。

（译文见《湘报》第107号，第427页。）

# 4. 其它类

## 《谭嗣同年谱》

光绪二十三年(1897)十月,谭嗣同,陈宝箴、黄遵宪、熊希龄等设立时务学堂于长沙,基地已购定城北侯家炽高岸田数百亩,前临大河,后依冈阜,颇踞湖山之胜。……聘梁启超担任总教习,吴县李格维(峄琴)[①] 教西学,先生与唐才常、石棣杨自超(葵园)、番禺韩文举(树生)、归善欧阳棨甲(雪樵)、东莞叶觉迈(仲远)担任分教,……学堂课程为经学、子学、史学、西学四种。而以《公羊》、《孟子》为主要的课程,"所言皆当时一派之民权论,又多言请清代故实,胪举失政"。学生只有四十人,而以林圭、蔡锷、李炳寰、范源濂称为高材生。

是月,筹设南学会[②],于翌年正月,正式成立于长沙。

十二月,设湘学报馆。先生与熊、唐、梁、李绎琴等主持这一件事。于第年二月发刊《湘报》,每日刊行,至翌年

① 李格维,当系"李维格"之刊误。

② 书前《生平简历》中指出南学会的任务和作用是"研究变法的理论,设计变法的方案,为全省新政的命脉,和北京的保国会相呼应,并努力结集变法同志,在维新事业的策动上,尽过最大的努力"。

八月停刊。

(《谭嗣同年谱》,人民出版社 1957 年版。)

# 陈宝箴奏

［光绪二十三年十二月二十八日 1898 年 1 月 10 日］

当于本年秋冬之间，与绅士筹商，在省设立时务学堂，讲授经史掌故，[①]法律，格致，测算等实学。额设学生一百二十人，分次考选。而延聘学兼中西，品端识卓之举人梁启超，候选州判李维格，为中学、西学总教习。另设分教习四人。现已开学四月，一切规模均已粗具。……

（《光绪朝东华录》光绪二十四年二月壬戌条。
转引自陈寅恪先生文集之一《寒柳堂集》，
上海古籍出版社 1980 年 6 月版，第 178 页。）

① 《中国近代学制史料》作“讲授经史掌故公法，有格致测算等实学”二句。

# 熊希龄[1] 致汪康年函

（光绪二十三年八月十二日）

“少穆（蒋德钧——引者，下同）前欲聘李峄琴（李维格）荐之右帅，帅急欲聘之。龄归言乃我兄所霸住，右帅笑而不以为然。及黄公度廉访到湘，右帅询之，公度极言峄琴品端学粹，为教习是其所长，足以师表群伦，而在报馆编译，犹寻常耳。遂怂恿右帅延聘峄琴。龄思兄屡上保湘之策，今乃湘学堂发轫之始，兄必竭力助成，断不掣肘。兹已将关书送之峄琴矣，乞兄放行。且湘中非他处可比，将来并乞兄惠临，助我等一臂耳。公度极言与兄并无意见，不过定报馆章程，顷略为变通，望兄和衷共济。天下只有这几个人，万不可松动也。兄如需人助理报事，龄当保能员以副愿望，必不空言塞责耳。”

（《汪穰卿先生师友书札》上海图书馆藏。）

---

① 熊希龄（1807－1937）字秉三，光绪进士，曾积极推行新政，任时务学堂提调，参与创办《湘报》。辛亥革命后任财政总长、国务总理等职。

# 谭嗣同致汪康年函

穰公鉴：

……然此事（聘梁启超、李维格赴湘主持时务学堂——引者）始末，嗣同不忍辨，而兄不敢不微辩者，实为熊秉三所迫。而熊书又未明言聘陈聘李之始末，第云公不放梁、李，令嗣同往上海蛮拉硬做耳。此信行即亲携呈览，以见非嗣同之敢于生事。然嗣同既不悉此中始末，遽信秉三一偏之言，以致身为董事，全不知为报馆计，无故移书备责我公，此则虽有万口，不能为嗣同曲解也……然又有一语为公进箴者，此后倘遇更有如嗣同与诸湘人之无理取闹者，愿公毅然决然不允所请，如谓公不放某人，即从此不放某人矣。人须有横强之气，而后可以有为。于事既不能自主，亦止可坦然置之，而徒为郁郁不自得，是无益而又自伤也。公谓然否？此请道安！

谭嗣同顿首二十七日

（《谭嗣同全集》下册中华书局

1981 年版第 512—513 页。）

## 谭嗣同致汪康年函

穰公鉴：

……湘延李一琴兄，似当从其请。公度过此时，曾谈及此，盖报馆之事，犹不足尽李君之才，不如请其往湘教育人材，其功德尤大也。且卓既不往湘，而李又不往，亦似乎下不去。

谭嗣同顿首八月二十九日

（《谭嗣同全集》下册，中华书局 1981 年版，第 510 页。）

## 谭嗣同致汪康年函

穰卿先生鉴：

……熊秉三来书，言湘中官绅决计聘请卓如、一琴两君为时务学堂总教习，黄公度尤极力赞成……嗣同窃计，遽用霸道，似乎使公太难堪。今为公计，不如自劝两君往湘，则当不失自主之权，而湘人亦铭感公之大德矣。……所以为公地，使此事若出于公自己情愿者，可作一完全之人情也。……一琴兄在馆，公度久即不以为然，谓屈抑其长才，仅得为翻译也。公即不令一琴往湘，公度及与公度知好者，亦必别为谋置一地，又宁能终绊之耶？反复思之，终乞公勿强留之之为愈也。一琴兄前未及致信，望为致意速驾。……

谭嗣同顿首　九月初六日

（《谭嗣同全集》三联书店 1954 年版，第 366 页。）

## 黄遵宪[①] 致汪康年函

李虞琴在鄂时曾屡访之，笃行君子也。就西学中颇能

① 黄遵宪（1848－1905）字公度，清末诗人。光绪举人，历任驻日、美等国领事。后官至湖南长宝盐法道、署按察使，参加戊戌变法。著有《人境庐诗草》、《日本国志》等。

言理致通西学者，如此等人甚少，弟甚佩之。惟在铁政局见其译文，则往往沓冗繁碎，又或不达意，盖其译文之法，专就西方一一摹做之，故格格不吐也。弟谓此人延主校长为最上品。若在报馆则用违其才，将来必多繁难之处。至薪水亦似过多，然此事似尚可商办，一二年拓充后，总须以百金聘翻译也。若能有人与之对译则可行，然又须其人善于说辞方易办也。虞琴之品可敬，然报馆专用其文，转失其所长矣。

……

公之它顿首　十一日

（《汪康年师友书札》第三册，第2354页。）

# 又

穰卿我兄大人同年左右：

……宪甫经到湘，即闻湘中官绅有时务学堂之举，而中西两院长咸属意于峄琴、任父二君子。此皆报馆中极为切要之人。以峄琴学行，弟所见通西学者凡数十辈，而求其操履笃实，志趣纯粹，颇有儒者气象者，实无其伦比，然屈于报，乃似乎用违其才。学堂人师为天下模楷，关系尤重。故弟亦愿公为公谊计，勿复维絷之也……报馆之开，今一年矣，赖公精心果力，凡百维持，得至今日，今规模既已大定，而学堂之设，学会之开，亦公平日志意所在，权轻重缓急，兼权综计，公严熟思之。任父[①]处弟另有函，殷殷劝驾，拟并函致峄琴，而轮舟刻期展行，不能之候，乞以此函转达峄琴，代述鄙意，是所至祷。……

弟宪顿首 [②] 八月十三日。（十八）

（《汪康年师友书札》第3册，第2360页。）

---

① 任父，指梁启超。

② 按《时务报》于1896年8月创刊，今称“报馆之开，今一年矣”，则以上二信，均似在1897年事。

# 邹代钧[1] 致汪康年函

穰公鉴：

……

一、胡商[2] 事自应照原议官商合办。钧曾托一琴代访锑炉，故一琴有官独炼之说。其实锑炉即购就，仍可与胡合办，……

一、见在湘中开设学堂，西文、中文教习，均未觅得其人公度[3] 已荐一琴为西文教习、卓如[4] 为中文教习。义宁父子[5] 及湘绅无不喜悦。惟均以此二人都报馆不可少之人，不便邀来。而公度以报馆译人颇多，而一琴之才长于教习，短于译事（即来示所言嫌译人太多各节），招之来湘甚妥。卓如在馆仅作论，若来湘，仍可作论寄沪，于报事毫无妨碍，且卓如不来湘，必为南皮强去云云。故义宁已下关聘两君兵。窃谓公度所言卓如各节，似不诬，当可来也。惟一琴之来否？仍望以酌之。如馆中可以放一琴，则不可强留。缘湘学堂之设，亦有关大局也。非湘学贤于天下各学堂。盖湘人士之气，校各省颇长。据公度云，一琴不过为

① 邹代钧字甄伯，地理学家，曾任会典馆编修。列名上海强学会，后赴湖南主持《湘报》地理类编纂，著有《西征纪稿》等。

② 胡商，即胡贞甫。

③ 公度，指黄遵宪。

④ 卓如，指梁启超。

⑤ 义宁父子，指陈宝箴，三立父子。宝箴（1831－1900）江西义宁人，字石铭，咸丰举人，仕至湖南巡按，子三立。

公综合诸事，于译事仅总大略，果尔，则一琴尽可来湘，当不难觅一替人。湘学堂一时仓卒，实难其人，乞公谅之。

……

一、请颂、社、卓、峄诸公安。

代钧顿首　八月十二日（十八）

（《汪康年师友书札》第3册，第2741—2744页。）

## 郑观应[1] 致督办湖北铁厂盛京卿书

官应承委驻厂总理半载，……继思铁厂矿务人材难，私弊多，糜费巨……官应愿与翻译李一琴或黄赞廷同赴英之唵士荡郎厂、德之克虏伯厂面商，准西人入股银三分一，我华商占三分二，……

（夏东之编《郑观应集》下册，上海人民出版社 1988 年版，第 1068 页。）

## 《郑观应年谱简编》

1897 年 1 月 5 日（二十二年十二月初三日）向盛宣怀陈《管见十二条》，对铁厂、铁路等事提出建议，说："汉厂各事俱有头绪，如船见岸矣。"于是荐施肇甄以自代，荐盛我彭、李一琴等相助为理。

（《郑观应集》下册。）

① 郑观应亦名郑官应，早年曾充外商买办，后入李鸿章幕府帮办译务，历任上海机器组布局总办、轮船招商局会办，汉阳铁厂及粤汉铁路总办。民国初年寓居上海。著有《盛世危言》等。

# 上海《万国商业月报》译西报论汉阳的铁厂装运钢铁出口将为欧美二洲实在之中国黄祸。

……汉阳铁厂，开办伊始，无利可图。

李君适充该厂总办，知依样葫芦，难期获效。因定购英德机器，扩充厂所。一面将毕斯马炼钢炉拆散，安置新式敞底炉。一切布置，皆摹拟欧洲新式办理。……

（《东方杂志》第7卷7期《中国调查录·汉冶萍煤铁厂矿记略》。）

# 张赞宸致盛宣怀函

［光绪二十三年正月二十二日 1897 年 2 月 23 日于汉阳］

……

一、前郑总办在厂时，一琴不愿翻译，本已屡辞。总办以外洋钢铁各种有益于厂之书，急宜译成汉籍，使厂友周知。为日久收回利权庶尽求己之道，所见甚为远到。嗣以总翻译一席，必须品学兼优之人，方能接手，一时实难其选，故一琴虽屡促，而卑职挽留至今。近黄赞延到，朝夕聚谈，察其洋文精熟，当可胜总翻译之任。一琴遂又谆谆来商，并致卑职一函，附呈钧览。卑职与一琴素未谋面，直至去年七月底到厂始把晤，见其一言一行，半年如一日，不仅品学兼优，且能血诚报效。可否仰求宪台责成一琴译书，俾尽其长。一琴之愿任译书者非自为计，卑职之代求改派者亦非为一琴计。区区微诚，实为全厂久远计，并为大人乐育计耳，所有情形想总办必已面达。管见译书实为急务，学堂尤不可缓。……

（《汉冶萍公司》第 1 册，

上海人民出版社 1984 年版，第 400 页。）

# 盛春颐[①] 致盛宣怀函

［光绪二十三年八月初五日（1897 年 9 月 1 日）于汉阳］

窃维铁厂总翻译最关紧要，得人亦最不易。……大人倘容卑府在厂图报，则愿求大人稍宽督责，准由卑府自行访请妥实翻译，仍随时禀乞钧夺。似此则卑府不至受制于翻译，而可收其指臂之助，即于大局，亦多裨益矣。现在厂中异口同声，除李一琴之外，恐均不能得当。近知一琴九月间来鄂，届时卑府必设法用全力挽留，暂不急急，以冀万全。……

（《汉冶萍公司》第 1 册，第 643 页。）

① 时任汉阳铁厂主办。

## 汉铁输美及开拓之艰难

汉阳铁厂自李一琴部郎任事后，始而整顿，继而扩充，着着进行，遂为东方唯一之大钢铁厂，外人来者无不啧啧称颂。而尤得意者，则以与美国订每年售若干万吨之合同也。先是李君假考察为名至美，力言汉阳铁厂炼钢之善，有某大商家闻之心动，李因约其来华察视。某至汉阳见之，乃大惊曰："吾辈初亦闻此钢铁之善，顾不料规模之宏大如是。"然某不敢自信，回国复约精于鉴别钢铁者数人来华观之，则皆称其制炼之精，乃以数十吨运美试销。不意美人富于保守性，咸相顾不购。其不购也，非有何命令与契约也，不过美人性质如此，且未审其佳恶，姑置之耳。某大商家乃思得一奇策，即登一广告募人承造轮船，下注明曰："如欲承受此事者，船上所用钢铁事件必用中国汉阳铁厂之材料。"船厂贪图生意，不能不如所言。逮汉阳铁厂之钢铁到美，美人视此为唯一之新闻，凡其事业与钢铁有关者，莫不十分注意，且多至船厂验视者。逮至船成，始知此项钢铁不特质地极佳，且价反较美货便宜，于是群思购用，而每年订购若干之合同以定。厂中出货除售与美国外，又承造六省铁路之铁轨，现尚求扩充之法云。惟津浦路以前与德人所订合同，声明免进口税，而汉阳之货反须征税。于是同一材料，一则以外国之货而无税，一则以本国之货运至本国境内而转须纳税，此亦足令人不平者。

（汪康年《汪穰卿笔记》，上海书店 1997 年版第 80 页。）

张之洞对于近代炼铁制钢工业，事实上并没有多大的认识。他创办的汉阳铁厂……炼出来的生铁和钢都品质不佳，……直至光绪三十年(1904)，盛宣怀派遣铁厂总办李维格出洋考核后，才把其中原因找出来。

……盛宣怀礼聘谙于洋务的李维格为汉阳铁厂总办，筹划补救的方法。李维格认为只有派员出国，参观其他国家著名的钢铁厂，于回国后再找出铁厂本身错误的地方而加以改善，铁厂的经营才有希望。因此，盛宣怀于光绪二十八年(1902)奏派他出洋考察，并在由户部领到的一百万两中，拨出五十万作为李维格出洋购买机轴等项的费用。

李维格带同矿师赖伦(Gustavus Leinung)和彭脱(Thomas Bunt)于光绪三十年二月二十三日启程，于同年十月二十一日回国，先后历时八个月。他们的行程，是先往日本新创立的八幡制铁所考察，然后游历泰西各国。他们到英国后，得英伦钢铁会的介绍，由化学专家央戴德(J·E·Soad，一作梭德)代为化验带去的矿石、煤、焦、生铁及钢等样品。这位专家化验的结果，认为大冶矿石和萍乡煤、焦都是炼钢的无上佳品，由小马丁炉炼出的零件如鱼尾板等，也可称为品质优良的钢，但由贝色麻炉炼出来的钢轨则含磷太多，品质低劣。……汉阳铁厂应该采购碱性马丁炼钢炉，才能炼出品质优良的钢。至此，隐藏了多年谜样的原因才被发现出来。

李维格接受史氏的忠告，于旅游欧陆途中，即决定放弃原有的酸性贝色的麻炉，而订购碱性马丁炼钢炉。此外，他又聘请了四名外籍工程师。李维格回国后，即利用日本预付矿价的三百万日元来从事铁厂机炉设备的改良和扩充。整个工程相当浩大，包括：拆去原有的贝色麻炉和十吨小马丁炉，安装三十吨马丁炉四座、一百五十吨大调和炉一座；建设轧钢厂、钢轨厂、钢板厂、车辘厂、竣货厂；扩充机器修理厂、电机厂。光绪三十三年（1907）工程全部竣工。此外，又拆造旧有容量小而已经废坏的两座化铁炉，添建二百五十吨化铁炉一座和马丁炼钢炉两座，于光绪三十四年完工。综计整个工程的建设，共耗去三百余万两，为数也实在不少了。

（全汉升《汉冶萍公司史略》
香港中文大学 1972 年版，第 103—104 页。）

# 盛宣怀《铁厂派员出洋片》

［光绪二十八年九月］

……臣久思亲赴各国一观其布置，而未得其暇。只得遴派妥员代往考核。兹查有总办湖北铁厂、三品衔候选郎中李维格心精力果，体用兼赅，本来谙熟方言，近复留心工学。臣与李维格坚明约束，铁厂之成败利钝，悉以付之。今春顺天府府尹臣陈璧，保荐人才，该员澹于荣利，而矢志办成一事以答高深。夫用人之道，必当用其所长，尤当久于其任。若用之不专，或朝令暮改，皆不足尽其才也。臣已代筹资斧，派令该员带同洋工程师一名，剋日驰赴日本，先阅其新开铁厂，即由日本放洋，赴泰西各国游历各厂，究其工作精奥之大端，彼何以良，我何以楛；彼何以精，我何以粗。他山之石，借以攻错，并饬就便添购机器，选募匠师。该员回来必能为鄂厂增益规模，徐收功效。……本月二十五日春原朱批外务部知道钦此。

（《愚斋存稿》卷八）

# 汉阳铁厂改进炼钢技术

初以外国焦价太昂，改用开平焦，然每吨尚需银 14 两，成本太巨，知非得廉焦不可，又四出搜觅煤矿。据矿师报告，萍乡之煤，足合炼焦之用，验之而信，遂又集股 100 万，开掘萍矿。既能煤矣，居然炼成钢轨，而各处铁路洋员化验，谓汉厂钢轨万不能用，盖因含磷太多，易脆裂也。费千回百折之力，而所制之钢不能合用。其时盛所招股 200 万，业已用尽；负债倍于股本，焦急无策，乃派李维格到厂筹划补救之法。李谓非出洋考求，不得实际。盛允之，遂携大冶矿石、萍乡焦炭及铁厂所制钢轨零件。偕洋员彭脱，同赴欧美，由英伦钢铁会介绍会员中一钢铁化学名家，将冶矿、萍煤化验，谓 2 者均系无上佳品，可以炼成极好之钢。而汉厂所炼之轨，则含磷太多，实为劣品，惜所带零件，又复极佳之钢，再四考求，始知张氏原定机炉，系用酸法，不能去磷，而冶矿含磷太多，适与相反，惟所有零件，则系碱法所炼，可以去磷，故又成佳品。盖梯厂初定机炉时，以不得中国煤铁之性质，故照英国所用酸法，配置大炉，另以碱法则 1 小炉媵之，其法不过为敷衍主顾而已，而我则糜去十余年之光阴，耗尽千余万之成本，方若夜行得烛，回首思之，不禁哑然。

李维格回华建议，非购置新机，改造新炉，不能挽救，盛诺之而忧无款，乃与日本订预支矿石价金300万元之约，即以该款为改良旧厂之用。着手甫竟，而全球驰名之马丁钢出现，西报腾布，诧为黄祸，预定之券，纷至沓来。其时预支矿石价300万元早已用罄，复以重利借债，年年积累，又不能支，乃改定为完全商办公司，赴部注册，加招新股，于是汉冶萍3字，合并为一名词，正如千里来龙，结为一穴，始愿固不及此也。

综计官办时代，用去560余万两，除厂地机炉可作成本200余万两外，其余皆浮费之款，而每吨1两之抽捐，则永远无已时。盛承办以迄于今，前后凡十余年，总计银行庄号利息及股东所得官息，已不下千余万两，公司前后股款、债项3,300万两，其用于实际者，不过2/3。假使张氏创办之时，先遣人出洋详细考察，或者成功可以较速，糜费可以较省。然当时风气锢蔽，昏庸在朝，苟无张氏卤莽为之，恐冶铁萍煤，至今尚蕴诸岩壑，亦未可知，甚矣，功罪之难言也。

（《中国实业杂志》第6卷第6期，1915年6月。）

# 盛宣怀《请准李维格暂缓调部电奏》

[光绪二十九年九月初二日在上海发
军机处代奏]

奉商部东电，候选部郎中李维格经本部奏调，希饬该员迅速启程等因，除转行外。查李维格久在湖北铁厂，由委员递升总办，专门钢铁工学。去年九月，奏明李维格总办铁厂，成败利钝悉以付之，并声明用人之道，必当用其所长，尤当久于其任。若用之不专，或朝令暮改，皆不足尽其才。宣怀已代筹资斧，派令该员出洋，添购机器，选募匠师，以图推广等情，奉旨外务部知道钦此，钦遵在案。现在鄂厂萍矿官商，用本已逾千万，煤矿炼焦，铁厂炼钢，均有成效。各省铁路需造钢轨，每年计银数百万，若不乘机筹款推广，何以转败为胜，塞大漏卮？宣怀与李维格在沪绘图估价，已有端倪，月内该员即遵前旨，出洋购机选匠，限期回沪，开办新厂。若于此时另调赴京，该员自称于商务素未讲求，到京当差，未必有益；而铁厂原议办法，皆须变动，先受大损。朝廷设商部以保护推广商务公司为要义，铁厂官商资本，已费千万之巨，实为中国已成第一公司，似难听其中隳。可否仰祈大部俯念铁厂为制造军械路轨而设，关系自强要政，暂缓另调。俟该员出洋回国，新厂布置就绪，总办接续有人，再当饬令赴部，当差之处出自裁成，大局幸甚。请代奏。

（《愚斋存稿》卷二十三）

光绪三十年（1904），李维格在江西萍乡县西近湖南处，发现一个适宜制造钢铁、枪炮厂的地方。这个地方名叫湘乐，它的优点有四：第一，面积宽广，是供建厂之用；第二，位于萍乡城外三十华里左右，煤焦的供给很方便，可以节省燃料运费的负担；第三，滨临湘河，既可利用水道运输，又可利用快要完成的株萍铁路和将要光筑的粤汉铁路，水陆交通都非常便利；第四，深处内陆，西有洞庭湖，东有鄱阳湖作为屏障，万一战争发生，也不容易被敌人攻占。[①] 因此，盛宣怀接受李维格的建议，决定把新厂建在这里。……但是，……发生许多不易解决的问题，……因此，这个新厂址的建议并没有实行。

（全汉升《汉冶萍公司史略》第120—121页。）

光绪三十四年（1908）二月，汉阳铁厂、大冶铁矿和萍乡煤矿合并组成汉冶萍煤铁厂矿有限公司，向农工商部注册。到了宣统元年（1909）三月二十七日，在上海开第一次股东大会，选举董事九人，查账二人，同时撤销督办的名称，盛宣怀被众股东推举为总理，李维格被推任为协

---

① 原注见《愚斋存稿》卷六四，《电报》四一，页三，《寄香帅》（光绪三十年三月十五日）。

理。[①] 从此汉冶萍公司的历史展开新的一页。

(《汉冶萍公司史略》第 126 页。)

说到国外的销路，李维格于光绪三十四年(1908)七月[②]，在汉口商会演说，曾经发表该公司开辟国外市场的计划，他仔细观察上海、香港和南洋一带的船坞、机器厂，发现它们所用的钢铁器材，因为要远购自欧美各国，不只购运费时，并且因此每每要储存数十万金的器材以备不时之需，以致搁本搁息，吃亏甚大。要是汉阳铁厂能够制造这些器材，则在时间上既可节省，材料的大小尺寸也可以临时拉造，价格也一定比西方国家的产品便宜，自然会大受上海和香港等地的船坞和机器厂的欢迎，实在是公司一宗最好的买卖。此外他又发现美国钢铁厂集中在东部，因为东西岸距离太远，铁路运费每吨要十余美元，西岸的机器厂宁愿购买由英国经海道运来;每吨运费只三美元的铁货(因为英国要倚赖美国西岸粮食的供应;一船只每每运粮往英，载铁而回)。现在美国有船只运松木销售至中东各国，却没有货物可以载回，中国铁货要是运销至美国，每吨运费也不过美金三元而已。这样一来，汉冶萍公司便可以乘机为它的产品多开辟一个市场了[③]。同时，他又提及，日本本国铁矿贫乏，但对于钢铁的需求却甚迫切，故又由汉口三井洋行购买汉阳铁厂的生铁[⑤]。据

① 原注见《东方杂志》六年八期页二二至二三:盛宣怀《汉冶萍煤铁厂矿有限公司注册商办第一届说略》。
② 《东方杂志》载十月。
③ 见本书光绪三十四年十月初一日李维格演说。

公司在宣统元年的估计，照当时的情形，公司每年在美国最少可销生铁一万吨，日本二万吨，国内二万吨，合计五万吨左右；如以每吨售价二十二两计算，则可售银一百一十万两。

果然，李维格的计划没有落空。宣统二年(1909)，公司的钢铁已远销至澳大利亚、日本、香港和南洋各岛，上海翻砂厂更完全倚靠公司的供应。随着公司产品的运往美国试销，美国华盛顿州的西方钢铁公司曾于是年派代表来华，和公司立约，规定于十五年内，每年向公司购买生铁三万六千吨至七万二千吨；如果产额有盈余的话，还可以增加至十万吨。

《汉冶萍公司史略》132、135页。

1908—1910 **汉冶萍公司外债一览表**

| 日期 | 借款者 | 贷款者 | 款　　额 |
|---|---|---|---|
| 1908年 | 总理盛宣怀，协理李维格 | 麦加利银行 | 实收规元142,898.37两 |
| 1908年 | 总理盛宣怀，协理李维格 | 东方汇利银行 | 洋例银250,000两 |
| 1908年 | 总理盛宣怀，协理李维格 | 德华银行 | 洋例银130,000两 |
| 1908年 | 总理盛宣怀，协理李维格 | 礼和洋行 | 洋例银240,000两 |
| 1908年 | 总理盛宣怀，协理李维格 | 捷成洋行 | 洋例银82,000两 |
| 1910年 | 总理盛宣怀，协理李维格 | 华俄道胜银行<br>东方汇理银行 | 洋例银1,000,000两 |

(《汉冶公司史略》133—134页。)

光绪三十年二月二十三日(1904 年 4 月 8 日)李维格偕同洋工程师彭脱及矿师赖伦启程往国外考察钢铁业。途径日本、美国而至欧洲。三月(1904 年 4 月)盛宣怀接受李维格建议,预备在萍乡附近立一新铁厂,并由江苏、安徽、湖北、湖南、江西、四川六省合办,但因管理及行政上发生问题,而不能实现①。十月二十一日(1904,11.27)李维格等自外国返抵上海。计出国八阅月,在伦敦经名家化验大冶铁矿砂,认为矿质优良,但含磷过多,建议摒弃酸性贝色麻炼钢法,改用碱性马丁炼钢法,以便炼钢。李维格接纳建议,遂在欧洲定购机器及聘工程师。十二月十二日(1905 年 1 月 17 日)李维格上《出洋采办机器禀》,建议改良扩充铁厂机器设备,并拟定铁厂今后营业方针。

(《汉冶萍公司史略》第 277 页。)

光绪三十一年(1905)春,盛宣怀委李维格改良汉阳铁厂机器设备,并给予全权总办厂务。

(《汉冶萍公司史略》第 277—278 页。)

---

① 原注引自《愚斋存稿》卷六四,第 3、4 页

## E 驻上海总领事永泷致外务大臣小村第一三六号机密函

〔明治三十八年(1905 年)十月十九日〕

……其后,铁政局总办李氏来沪,本总领事亦告以如与兴业银行接洽,当更为迅速便利。李答称因有萍乡总办之嘱托,须等候橘氏①来沪云云。因此,只得听凭其自己决定。最近,据闻橘氏延期来沪,非至二十二、三日,不能到达。本日,又与李面晤,告以虽等待橘氏到达,亦仅能获得详细报道而已,总归由大仓进行通融,仍属困难;劝其不如与兴业银行理事井上商议较为得策。李答称:本件业与盛宫保筹商三,以为萍乡及铁政局,由目前情形言,只是加重损失而已,纵令获得借款,能否支付利息,亦尚无把握。在日本扩大焦炭销路,虽颇困难,但生铁与钢则必须在日本寻求销路,以其卖得利润作为支付利息及偿还本金之用。……

(《旧中国汉冶萍公司与日本关系史料选辑》
上海人民出版社 1985 年版。)

① 指日本大仓喜八郎的代表橘三郎。

# 汉冶萍产生之历史

（叶景葵著　抄件　藏中国科学院经济研究所）

“……费千回百折之力，而研制之钢不能合用，其时盛（指盛宣怀——辑者）所招商股二百万业已罄尽，负债倍于股本，焦急无策，乃礼聘李维格到厂筹划补救之法。李谓非出洋考求，不得实际。盛允之，遂携大冶矿石、萍乡焦炭及铁厂所制钢轨零件偕洋员彭脱同赴美、欧……

李维格回华，建议非购置新机改造新炉，不能挽救，盛诺之，而忧无款，乃与日本订预支矿石价金三百万元之约，即以此款为改良旧厂之用。……

［《中国近代工业史资料》第二辑，
科学出版社 1957 年版，第 469—470 页。
（其事当在光绪二十二年 1896 之后）参见徐珂《清稗类钞》
（1917，商务版）之《农商工艺稗》卷'45 第 11 页。］

# 盛宣怀致张之洞[①]函

[光绪三十二年正月初六日(1906年1月30日)]于上海

……自萍矿告成,冶石分售,得派李郎中维格购运新机,扩充新厂,剥极而复,为铁政一大转机。……该厂一切收支款目,结至三十一年三月李郎中接手止,实亏限一百九十七万六千余两。

……现在必须奏请者,约有数端;

一,李维格须痛保请赏四、五品京堂,如杨士琦之总理业务,侄只堪为吴重熹耳!

(《汉冶萍公司》第二册,

上海人民出版社1984年版,第538—539页。)

---

① 张之洞(1837—1909)同治进士。曾任内阁学士、两广总督、湘广总督,兴办汉阳铁厂等企业。1907年调任军机大臣。著有《劝学篇》、《张文襄公全集》。

# 盛宣怀致奕劻[①] 函

［光绪三十二年二月初十日（1906 年 3 月 4 日）于上海］

……去年筹款，遴派李维格出洋购办全套新式机炉，安排新厂。约计三年之后，钢铁足供全国之用，扩充制造，以图富强，又成就国家一种完美产业。……

（《汉冶萍公司》第二册第 548 页。）

① 奕劻（1836－1918）乾隆帝重孙，1894 年封庆亲王，1901 年任外交部总理大臣，1903 年入军机处。

# 汉阳铁厂、大冶铁矿、萍乡煤矿合并成立汉冶萍煤铁有限股份公司议单

[光绪三十三年九月二十九日(1907年11月4日)]

……

十五、此次公议条款照缮二份,由现在总理及老股创办人、新股发起人签字后,以一份存现在总理处,以一份存协理董事处。

光绪三十三年九月廿九日

现在总理:盛宣怀　　老股创办全体代表:盛宣怀

汤寿潜(抑卮代表) 郑孝胥 李维格 蒋鸿林 宋炜臣

苏德镳(炜臣代表) 金　鼎 金邦平 沈铭清 胡　焕

汪　希　　叶东川 王予坊　周命之(代表人东川) 蒋汝藻

(苏堪代)　　刘歆生 刘　垣(苏堪代)　万昭度 朱文学

史致容(签字)

(《汉冶萍公司》第二册,第642—643页。)

# 汉冶萍公司呈农工商部注册文

［光绪三十四年二月(1908年3月)］

……创办人盛宣怀,江苏武进县人,太子少保尚书衔,本任邮传部右侍郎。创办铁厂董事郑官应等八人姓名详列老股票之上,其后病故,告退时有更易。创办煤矿董事张赞宸等十一人姓名详列老股票之上,其后病故、告退时有更易。公司创办人,现充厂矿办事总董九人李维格、杨学沂、林志熙、王锡绶、张赞墀、卢洪昶、王勋、顾润章、金忠赞。查察二人邱端麟、沈喆孙,均住上海、汉口、大冶、萍乡等处。

(《汉冶萍公司》第二册,第675页。)

## 盛宣怀《请奖刘宇泰、李维格、刘燕翼片》

［光绪三十三年六月　鄂督张、直督袁、大臣吕会奏］

……又三品衔候选郎中李维格体精用宏，志趣澹泊，曾经陈璧奏保，现在总办铁厂，素谙英、法文字，前此校对各约洋文，均极精审无讹，各约向以洋文为准，校窍稍有未符，立即喆正，尤为难得，拟请赏加四品卿衔，以励人材。……伏乞圣鉴训示，谨奏。朱批恭载正折后。

(《愚斋存稿》卷十三。)

# 盛宣怀《请派李维格充汉冶萍公司协理片》

［光绪三十四年二月］

……再汉冶萍厂矿事务繁重，用人为第一要端，臣十余年所分任尤为得力者：铁厂则有候选郎中李维格，煤矿则有湖北候补道张载宸，驻沪总公司则有候选道杨学沂。……嗣后之处厂矿，合为一局，按照近来商务办法，总理之外，必需协理或一员或二员，尚在未定。将来股分齐集，应由股商会投筒公举，目下似应先行选派，以资臂助。查郎中李维格，本属老商创办总董，现充铁厂总办，新钢厂布置井井，皆该郎中一人之力。此次沪汉新商就议合股，虽成否未定，而李维格实为商情所推重，以之充当汉冶萍厂矿公司协理，必能胜任。臣面商张之洞、赵尔巽意见相同，除咨明农工商部察核外，理合附片呈明，伏乞圣鉴。谨奏。本月十一日奉旨依议钦此。

（《愚斋存稿》卷十四。）

## 盛宣怀致吕海寰[1]函

［宣统元年三月初七日（1909 年 4 月 26 日）］

……接李一琴电称，洋浦此次定轨万吨，以金镑开标，共合英金六万七千余镑。明年交货时恐金价跌贱，拟请电商钧处将镑汇华，存息在路局，存银于沪，得息较多，而厂不冒险，一举两得等语。……在敝厂只因胆小不愿担此镑价之险，故预请尊处将镑汇华易银，即照现在镑价核计银两若干以给敝厂，以一琴之所求者也。……

（《盛宣怀未刊信稿》第 163 页。）

## 盛宣怀致李经方函

［宣统三年八月二十六日（1911 年 11 月 16 日）］

……汉厂新炉受炮揭，华洋人均星散，萍矿尚无消

① 吕海寰（1842－1927）字镜宇，历任外务尚书，工部、兵部尚书，津浦铁路督办等，著有《庚子海外纪事》等。

息，冶矿幸无恙，事后修复必大费，幸产业沃饶，不难恢复。弟老矣，无能为役。且事体重大不能与人无争。诚如尊论，须早留心替人。李一琴已三折肱，为股东所信服，中外声誉亦甚好。惟位望尚不足独当[挡]一面。公识力名位均足胜任，既不愿做官，似可负担此举。一琴素所佩服，必能相助为理。……

（《盛宣怀未刊信稿》第 213—214 页。）

## 盛宣怀致金匊蕃[①]函

［宣统三年十月初五日（1911年11月25日）］

……时局艰危，财政更为困难。一语包括尽矣。尚幸一琴来函，汉厂尚安。……昨咏铃来电云，兴业不□□□转期，已由一琴、阁臣、高木、商三井电恳兴业，想即系指此款。……据一琴来电，萍矿要用三十八万（廿四万是洋数），因将尊处所需之廿四万亦算在内。……惟遣散汉萍洋人，需给川薪，一琴、阁臣未知能□画耳。……

（《盛宣怀未刊信稿》第226—227页。）

## 盛宣怀致杨学沂[②]函

（1912年2月24日　神户）

……

① 金匊蕃即金忠赞，时任汉冶萍总公司会计所款项股长。
② 杨学沂字绥卿，时任汉冶萍总公司董事会秘书。

一琴原议以为孙总统已核准，舆论必无反对，无庸开股东会议，只拟由公司刷印，函送各股[东]，以决可否，限期不复，即算默许，且已起草，欲弟署可。现接顾咏铨来电，云台、伯梁单知各董合办事，须开股会公决，弟甚佩服。孙氏来电，亦望股会不为通过，挽回合办草约，只有此者，故不能仅用信函知照，必须正式开会。顷已电致东京一琴照办。

二十三孙电云："已批准，已电前途取消。"弟初以为必是二十九日一琴所订之草约，乃山本谓，宁所核准系沪三井与宁所订之草约，并非二十九神户所订草约十条。

（《辛亥革命前后》第 254 页。）

## 又

（1912年2月26日神户）

绶卿仁兄大人阁下：今日接股东及董事会两电，想弟前日所发之电已收到矣。……

董事来电似不欲开会，未知何故？从前孙、黄主成，一琴，虎候拟用函知照，是欲其速成耳。今时移势易，万无曲成之理。而公司已签定之草约，政府又电认批准，若仅凭少数股东之电即欲废约，窃料其断不能允。一琴至今尚在东京，日本官商尚欲借政府批准，实行此约。……

此事重在顾全名节，来往电报祈即付登报章……弟前日抄呈要件二十七张，请择要登报或刷印分送会场。王阁臣致李一琴信似须撤去……望费神格外留意，至托至托。手颂勋祺。弟名心顿首

（《辛亥革命前后》第256—257页。）

# 关于盛宣怀任人唯贤、任贤唯专的事例

李维格本为汉阳铁厂译员，在铁厂中经过多年历练，才能出众，于是盛宣怀有意识的对李加以培植，使之逐渐成为懂技术的管理人才，于1902年任为铁厂总办。徐世昌、端方请调李维格，盛均予以拒绝。1906年9月，袁世凯请调李维格一个月往福建船厂调查一件事，盛宣怀也未予同意。盛宣怀认为，某人既为贤才，就应任之专，任之久，使充分发挥其作用。他下面一段话颇有可取之处，录之于下："李维格工程本领，系在汉厂历练而成……铁厂之成败利钝，悉以付之。用人之道，必当用其所长，尤当久于其任。其用之不专，或朝令暮改，皆不足尽其才（光绪三十二年八月二十日，《愚斋存稿》卷六九《致张宫保》①）"

（夏乐元《盛宣怀传》

四川人民出版社1988年版，第272—273页。）

① 据《盛宣怀传》第390页，此段引文载于光绪二十九年九月初二日《愚斋存稿》卷二十三《请准李维格暂缓调部电奏》中。

## 关于南洋公学译书院

聘张元济主持其事，广购日本和西国新出之书，延聘中外博通之士译之。1898年夏秋间……在中国人中；先后聘有郑孝柽、李维格、……等为译员。

## 关于汉冶萍公司

原来汉阳铁厂所制钢轨，质量不符合标准。作为路轨原材料的钢，含磷太多，易于脆裂，且久久不能解决。盛宣怀在汉厂总办李维格的建议下，于1902年秋，派李维格偕同在厂工作的英国工程师彭脱、德国矿师赖伦，赴欧进行实地考验新法。盛宣怀上奏清廷说："制造必须取法于人，耳闻不如目见。"派"心精力果，体用兼赅，本来谙熟方言，近复留心工学"的李维格赴欧美各国，"游历各厂，究其工作精奥之大端。彼何以良，我何以楛，彼何以精，我何以粗。他山之石，借以攻错(《愚斋存稿》卷八《铁厂派员出洋片》，光绪二十八年九月)。"

## 又

炼钢的质量解决，对于钢轨和其他钢铁制品乃至于市场销路一连串问题，都将随之迎刃而解。这无疑应记下李维格一大功。……

李维格（字一琴），精通英、法语言，工学知识渊博，办事认真，远近知名，任汉阳铁厂总办后，于 1903 年到 1905 年间，先后有商部和周馥等单位和个人，二次请调或借用李氏，盛宣怀均予以拒绝。盛氏在李维格任总办时起，即声明“所有借款、购机、添设大冶炉座”，“责成一手经理”。……

## 又

汉冶萍公司乃正式成立。督办改为总理，盛宣怀任第一任总理，原汉阳铁厂总办建厂有功“为商情所推重”的李维格为协理（光绪三十四年二月，《愚斋存稿》卷十四《请派李维格充汉冶萍公司协理片》）

（《盛宣怀传》第 285、388、390、392 页。）

# 唐才质《湖南时务学堂略志》

时务学堂设于长沙小东街（今中山西路）刘文恪公旧邸。……当时所聘教习，分中文与英文授课。中文教习三人：总教习梁启超（字卓如，一字任公，广东新会县人）；分教*（原“数”字，误，辑者改）习韩文举（字树园，广东番禺县人）、叶觉迈（字湘南，广东东莞县人），皆康有为弟子。英文教习二人：总教习李维格（字峄琴，江苏吴县人）；分教习王史（字峙云，福建龙溪人）。另聘学堂总理与监督各一人：总理熊希龄（字秉三，湖南凤凰厅人）；监督杨自超（字葵园，安徽石棣县人）。戊戌春，梁先生因事赴沪，添聘中文分教习欧榘甲（字云樵，广东归善县人，亦康有为弟子）、唐才常（字佛尘，湖南浏阳县人）二人（乃梁先生自沪来函约聘者）。[①]

（《湖南文史资料》“纪念辛亥革命五十周年专辑”第 91—94 页。）

---

① 故光绪戊戌春夏间摄八人合影中梁启超不在内，杨自超或外出未参加也。辑者注，合影见前。

# 南洋公学大事记

[光绪二十二年(1896)]

大理寺正卿盛宣怀奏:由招商局电报局盈余项下:(该时两局系官督商办,纯为商业性质。盛为两局之督办,商准各股东,每年招商拨银六万两,电局拨银四万两)拨银十万两,设南洋公学于上海,造就新学人材,奉旨允准。派盛宣怀为南洋公学督办。

光绪二十四年(1898)

夏,总教习张焕伦辞职,延李维格为提调,兼教师范院英文。

光绪二十五年,……提调李维格辞职,延伍光建为提调兼教师范院英文。

(《中国近代学制史料》第一辑下册
年华东师大出版部1986年版,第524页。)

# 本校四十年来之重要变迁(杨耀文)

本校首先创设者,为师范院,……外国文学为英文、法文,……先后教授英文者,为提调李维格、伍光建二人。

## 交通大学创办之初设立师范院和译书局的情况

开学之初，师范院无一定课程表，教员何时到校即于何时授课。光绪二十四年(1898年)后开始按学科分班授课。中学之外，还设西文、西学。中学的教授方法，用指定书籍令学生自修，按时呈送教师批阅和劄记。当时入学的学生中文程度都比较高。"经史子集"能任选自行研究，基本上是沿用旧式书院的学习方法。西文部分有英文、日文，以后还有法文，由学生挑选一门，边学边作翻译。这是公学章程中早就规定的："选诸生之有学识而能文者，将图书院购藏东西各国所出之书，令择要翻译，陆续刊行"。教师除聘用外籍教师外，还有颇负盛名的翻译家伍光建和李维格。

公学给师范生的待遇是十分优厚的。师范院学生入学后，食宿杂费均由学校供给，每月还按层格发给津贴，一层格每月津贴膏火银六两，进一层加银一两，加到十两为止。另外，对学习成绩优良者还有奖学金。

[《交通大学校史》(1893—1949)
上海教育出版社1986年版，第24页。]

清末的官僚政客和知识分子，受日本明治维新后"国富”“兵强”的影响，认为日本强盛的重要原因之一，是“以翻译西书为汲汲，今其国人于泰西各种学问皆贯穿有得，颇得力于译出和文之书”。因而对来自日本的书籍十分重视。译书院成立不久，即大量翻译日文著作，或由日文转译西欧各国的书籍。为此，译书院于光绪二十四年(1898年)五月，经日本驻上海总领事官小田切举荐聘细田谦藏为译书院翻译，9月推荐日本陆军大尉稻村新六充当翻译兵书顾问。聘郑孝柽及师范生孟森、杨志洵为校订。译书院业务扩大后，又陆续调去公学外文教员李维格、伍光建及师范生黄国英，教员陈诸藻等参加译稿工作。光绪二十八年4月，留学回国的雷奋、杨荫杭、杨廷栋也被介绍去译书充当译员。译书院同时还向院外翻译人士约稿，如严复、吴文聪、王鸿年、山根虎之助(日本人)等人，都曾向译书院投稿。特别是出版了严复所译《原富》一书后，译书院的声誉更加扩大。

(《交通大学校史》第42—43页。)

# 交通大学专门学校图书馆捐款总表

［1912年12月］

……

捐百元者：苏齐省长……郑陶斋……刘翰怡……李一琴……各一百元，计三千七百元。

（《交通大学校史资料选编》第一卷，1986年西安交大出版社，第320页。）

# 附　录

1995年11月，经朱光亚、吴阶平、林兰英、张维、高镇宁、裘维蕃等科学界名流总编纂、中国科学技术学会编辑的《中国科学技术专家传略》工程技术篇冶金卷，由中国科学技术出版社刊印出版。第1卷第1篇即为陶少杰所撰《李维格》一文，集中阐述了李维格先生改进汉阳铁厂生产、扩建该厂规模、规划大冶铁厂建设、兴办汉阳铁厂第一座技术学堂的事迹，高度评价了其对我国近代钢铁事业的建设和发展所做的重要贡献。文章所述事实大都翔实可靠，惟因资料来源所限，尚有少量内容未能澄清。在选编时，我们采用文中脚注的办法，尽可能予以订正，并就教于各位专家学者。

# 李　维　格

[约 1855～1918][①]

陶少杰撰写

李维格，我国近代钢铁专家，汉阳铁厂的主要开拓者。他解决了汉阳铁厂的钢质量问题，扭转了汉阳铁厂建厂以后年年亏损的局面；规划、组织了 1904～1910 年汉阳铁厂的改造和扩建工程，使汉阳铁厂成为当时亚洲最大的钢铁厂；他还规划了大冶铁厂的建厂方案和厂址选择；创办了扬子机器制造厂和湖南常耒锰矿；兴办了汉阳铁厂第一座技术学堂；为我国近代钢铁事业的建设和发展作出了重要贡献。

李维格，字一琴，江苏吴县人。幼年随父亲到上海读书，[②]后来进入一所外国人办的学校学习。由此，他逐渐产生了出国求学的想法。尽管当时家境并不很好，他的父母还是筹措了一笔费用资助他出国。

李维格先到英国学习英文和法文，随后又到日本和

① 准确生卒年限为 1867－1929 年。
② 祖藉江苏吴县，生于上海南市区。

美国学习“政教技业”(即技术科学知识)。[1]

甲午战争爆发后(1894年),他与梁启超、汪康年一起,写文章宣传“变法”,名扬一时。“戊戌变法”(1898年)后,他回到上海,任江南制造局提调兼南洋公学教授,后任郎中。这时,盛宣怀已经接办汉阳铁厂,并改汉阳铁厂官办为官督商办。他聘李维格为汉阳铁厂总翻译。[2]

汉阳铁厂自1894年6月正式开炉以来,由于焦炭供应不上等原因,炼铁炉时开时停,铁厂不断亏损。加以该厂贝塞麦转炉(Bessemer Converter)生产的钢质量不好,销路不畅。至1903年,钢厂停产。1904年,李维格奉盛宣怀派遣,出国考察炼铁新法。他摸清了钢质量差的原因,建议盛宣怀改建和扩建汉阳铁厂。1905年,盛宣怀委任李维格为汉阳铁厂总办(厂长),全面负责汉阳铁厂的改建和扩建工作。

经过三年改造,到1907年第一期改造工程初步完成,钢质量改善,产量也逐年增加,汉阳铁厂的面貌为之一新。

1908年,李维格建议盛宣怀奏请政府将汉阳铁厂、大冶铁矿、萍乡煤矿合并,成立汉冶萍煤铁厂矿有限公司(简称汉冶萍公司)。清政府议准。李维格与盛宣怀共同拟定了公司章程88节。由此汉阳铁厂由官督商办改为商办的汉冶萍公司。于1909年第一届股东会议上,李维格被

---

① 先后随崔惠因、李经方出使美、日,尤重学习“政教技业”。
② 1896年任汉阳厂总翻译,1898年6月受聘南洋公学提调。

推选为协理，兼汉阳铁厂总办。

为了发展汉阳铁厂的生产，李维格还广泛调查煤、铁、锰等矿产资源，并开办了湖南常耒锰矿。

1907年由商人宋炜臣、顾润章集资银40万两，并由汉阳铁厂供给旧机器设备以及银5万两作为资本，在李维格主持下，于汉口湛家矶创建了扬子机器制造厂。

1911年10月，辛亥革命爆发，李维格随盛宣怀出走日本。盛宣怀为维护其本人及故旧僚属的利益（汉冶萍公司共有股份743.6万股，其中极大部分为盛宣怀及其故旧僚属所有），决定与日本人合办汉冶萍公司。李维格受盛宣怀的委派，于1912年2月在日本神户与日本财团代表小田切会谈，签订了《中日合办汉冶萍公司》草约。① 草约一出，全国哗然，群起反对。汉冶萍公司股东会也以“《中日合办汉冶萍公司》草约有损国权、商业”予以否决。同年5月，汉冶萍公司股东常会批准盛宣怀辞职，委任李维格、叶景葵为经理。

1913年5月，盛宣怀又被推选为董事长兼总经理，李维格受到董事会和盛宣怀的责难，遂辞去经理职务，他的汉阳铁厂坐办（汉阳铁厂总办于1912年改称坐办）职务也由吴健接替。② 公司聘请他为高级顾问，并委派他参与筹建大冶铁厂的工作。同年6月，李维格到汉阳、大冶、萍

---

① 合办之议肇始于辛亥革命之前。后盛派李与西泽、小田切会谈，并称民国政府已批准合办，李方在条约上签字。

② 1913年盛宣怀复任公司总经理，会后被推为董事会会长。李因病于同年12月坚辞公司经理职，并允任公司名誉顾问，继续筹划公司事业之经营。

乡等地考察，他分别与各厂、矿工程师商谈，筹划建厂方案。同时还到石灰窑镇以上地区（今黄石市区）、石灰窑镇以下袁家湖地区（今大冶钢厂厂区）、石灰窑镇车站（今黄石市上窑天桥处）等地考察，将三处地址作了比较，决定把新厂厂址设在石灰窑镇以下 1 公里处的袁家湖地区。8 月，李维格向汉冶萍公司董事会呈报了《筹建汉冶萍厂矿事宜请折》。建议在大冶新厂中建两座日产 250～300 吨生铁的新式炼铁炉，并建议把厂址设在大冶县袁家湖地区。公司批准了他的建议。

1916 年 9 月，公司委任李维格为大冶铁厂厂长，吴健为副厂长。翌年 6 月，李维格辞去了大冶铁厂厂长职务，改任汉冶萍公司高级顾问，[①] 自此年老多病，遂赍志以没，终年 63 岁。

## 改进钢质量，使汉阳铁厂起死回生

汉阳铁厂初建时的炉机设备是张之洞委托驻英、德大臣刘瑞英和洪钧在国外订购的。当时刘瑞英问要订购何种形式的炉机，张之洞答称，中国是泱泱大国，地大物博，何种形式均可。遂从比利时订购了 100 吨（248 立方米）炼铁炉两座，从英国订购了 10 吨马丁炉（Martin Furnace，即平炉）一座，5.5 吨贝塞麦转炉（Bessemer Converter）两座以及轧钢设备。马丁炉钢用于生产鱼尾板等

① 1915 年已任汉冶萍公司高级顾问。

零部件，贝塞麦转炉钢用于轧制钢轨。但所制钢轨容易脆裂，受到用户抵制，销路不畅，长期亏损，延到 1903 年，转炉停产。

为了摸清情况，找出问题，保证汉阳铁厂的利益，盛宣怀奏请清政府派李维格出国考察炼铁新法并洽购设备。李维格认为："铁厂命根，全在铁矿、焦炭，应将所有生料带往外洋考验（化验），倘生料不合化炼，则旧厂必须停止，断无扩充之理；如果合用，承炼成钢铁，本轻质佳，可期与欧美争胜，然后放手去做。司员（指李维格自己）行止，全视生料为断"。于是李维格率领英人彭脱（Thomas Bunt）、德人赖伦（Gustavus Leinung），携带矿石、焦炭、生铁、钢材等样品，于 1904 年 3 月赴日本、美国和欧洲考察。[1] 每到一地，他广泛搜集同行们的经验和建议，并请英国化学家梭德（J. E. Soad）将所带样品进行化验。化验结果表明，铁矿石含铁 60%～65%，是好矿石，但含磷高（>0.1%）；焦炭质量上佳；用于轧制钢轨的贝塞麦转炉钢中含磷 0.20%。由于钢中含磷量高，超出了钢轨允许的含磷量，磷高钢铁冷脆，所以发生脆裂。

考察历时 8 个月。回国后，他在给盛宣怀写的考察报告中说："炼钢有酸法、碱法之别，酸性法不能去铁中之磷，惟碱法能之。汉石贝塞麦系酸法，而大冶矿石所炼之铁，含磷过多，以致沪宁铁路公司化验轨样后，不肯收用。

① 准确时间为 1904 年 2 月出访，途径日本、美国，再转欧洲，曾到伦敦，柏林等地，并在伦敦进行样品鉴定。

谓其磷多,含炭(碳)少。卜聂(外国工程师)炼钢,减少含炭(碳)分数,使其柔软,以免断裂。然柔则不经磨擦,软易走样,……此汉厂具(巨)轨之所以不合用也。汉厂鱼尾板等钢,系马丁碱法炼成,沪宁公司称为上品。司员博访周咨,并从梭德之议。决定废弃贝塞麦而改用马丁碱法,成效昭著,似无疑义。贝塞麦用马丁碱法后,现所剔除之磷重矿石,均可取用,亦大有用处也。”他在报告中还指出,钢质量提高后,国内销路将大量增加,还可“苟中国以全力大举,不但东方销路在我掌握,并可运销美国西滨太平洋各省。”于是向盛宣怀提出“购制新机,改造炉座,聘请外国新工程师”的建议。盛宣怀接受了李维格的建议,并委任他为汉阳铁厂的总办,全面负责汉阳铁厂的改建、扩建工作。

经过改建、扩建和技术改造,汉阳铁厂的钢铁质量明显上升,同时对产品质量制订了明确的规格要求和严格的检查制度。例如对钢轨,在化学成分方面规定:含碳量＞0.40％,含磷量＜0.04％,含硫量＜0.06％,含硅量＜0.01％,含锰量＜0.90％。在机械性能方面要求:每50吨钢轨取6英尺长试样一根,架于间距为3.6英尺的支点上,两端距离相等,中间悬一28吨重锤,经1.5小时后,其弯曲度不得大于5/16英寸;再将同样长的钢轨置于同样的支点上,用1吨重锤从试样中间上方20英尺高处落下两次,钢轨不得有任何裂缝,同时每次落下后钢轨的永久变形不得超过4英寸。此外,对钢轨的外形尺寸、断面组织等也有明确要求。由于要求严格，规定具体，产品质量得到可靠保证。1914 年 2 月，在意大利首都举办的世界博览会上，汉冶萍公司的钢铁产品获得最优等奖，并奖给李维格奖状一张。当时欧美行家均称汉阳铁厂产品为精品，上海各铸造厂家更是唯汉阳铁厂生铁是用。结果，销路日广，利润日高，1908 年汉阳铁厂扭亏为盈，汉阳铁厂终于起死回生。

## 扩建汉阳铁厂　使其成为当时亚洲第一大钢铁厂

李维格就任汉阳铁厂总办后，决定新建一座 250 吨(477 立方米)炼铁高炉，[1] 将原有两座贝塞麦酸性转炉为 10 吨小马丁炉拆除，改建为 30 吨马丁炉 4 座，建 150 吨混铁炉一座，辊径为 1016 毫米的初轧机一座，辊径为 760 毫米的钢铁轧机一座，以及其他辅助设施。他随即赴欧洲订购新炉机。他先开设备清单，招英、德、美等国数十家工厂，投标，分别择优于 9 家厂家设置。他还聘请德国汉堡工厂总工程师吕柏(Eugen Rupper)担任汉阳铁厂总工程师，同时还请了另外 4 名德国工程师。

李维格回国后，立即开始了改建、扩建工程。到 1907 年冬，完成了两座 30 吨马丁炉的营建工作。其余扩建工程也于其后三年中陆续完成。汉阳铁厂面貌为之一新。美

① 1907 年为汉阳铁厂订购日产铁 250 吨之大化铁炉。

国驻汉领事曾惊叹地说:“登高下瞩,使人胆裂,……是为中国20世纪之雄厂耶!观于斯厂,即知研究西学之华人,经营布置,才略不下西人也。……”

改造后的汉阳铁厂在当时是亚洲最大的钢铁厂,其产量、质量也名列前茅。该厂1902年产铁15 825吨,1908年增至66 410吨,1910年猛增到119 396吨。钢厂1903年起停产,一直到1907年部分新建平炉建成才恢复生产,1908年产钢22 626吨,1910年增至50 113吨。钢中磷含量降到0.012%。炼铁焦比也从1904年的每吨铁耗焦1.75吨降到1910年的1.05吨。由于钢材质量的提高,销售情况大为好转,不仅国内各大铁路所需的钢轨和零件都在汉阳铁厂订货,澳大利亚、香港地区、南洋诸岛、日本、美国西雅图的钢铁公司也来汉订货。1910年销售给日本的生铁就达65 362吨。当时西方国家担心失掉市场,发出了“中华铁市,将不胫而走各洋面,必与英美两邦,角胜于世界之商场,……呜呼!中国醒矣”的惊呼。

## 兴办汉阳铁厂第一座技术学堂

早在1896年,当时汉阳铁厂总办郑观应就建议盛宣怀在厂内设立学堂,招考略懂算法的学生40名,上午读书,下午进厂实习操作。但未能实现。李维格接任铁厂总办后又提出办学的建议,得到盛宣怀同意后,在厂内办起了学堂,分设化算学堂、炼铁学堂、炼钢学堂和机械学堂四部分。首次招收12～14岁的学生30名，培养技术人才。[①]

李维格非常重视技术人才和人才的培养，并且深深体会到，必须要有自己的技术人才，才能发展本国的产业。这一认识在他于中华民国初年(20世纪10年代初)写的《汉冶萍公司历史说略》一文中曾有透彻的叙述。他在该文中首先分析了汉冶萍公司造成困难的原因。他认为造成困难的原因很多，主要有：资金不足，官税重重，洋商竞争，输出税重而入口税轻，“洋工程师”刁难掣肘等等，但他把办厂人员不懂技术，缺乏本国技术人员列为第一原因。他在文中写道：“东亚创局，事非素习，自张、盛二公(指张之洞、盛宣怀)以及二公所用之人，无一非门外汉，暗中摸索，何能入室登堂。此困难原因之一也。”正是由于这种思想，他积极办学，特别在他临终前数日，还把所置产业的1/3，捐赠给苏州东吴大学(现苏州大学)，资助贫寒学生，发展教育事业。

李维格虽与世长辞，但为祖国创建钢铁事业的贡献，永远值得后人怀念。

---

① 学堂筹办于1897年初。李亲自撰写了《拟设汉阳钢铁厂学堂章程》，招收年龄自14岁至20岁的学生。

# 引用书目


| | | |
|---|---|---|
| 汉冶萍公司1,2册 | 1984— | 上海人民版 |
| 汉冶萍公司史略 | 1972 | 香港中文大学版 |
| 旧中国汉冶萍公司与日本关系史料选辑 | | |
| | 1985 | 上海人民版 |
| 中国近现代人物名号大辞典 | 1993 | 浙江古籍版 |
| 中国人名大词典·历史人物卷 | 1990 | 上海辞书版 |
| 交通大学校史资料选编 | 1986 | 西安交大版 |
| 郑观应集 | 1988 | 上海人民版 |
| 郑观应年谱简编 | | 附《郑观应集》 |
| 谭嗣同年谱 | 1957 | 人民出版社版 |
| 陈寅恪《寒柳堂集》引《光绪朝东华录》 | | |
| | 1980 | 上海古籍版 |
| 愚斋存稿 | | |
| 盛宣怀未刊信稿 | 1960 | 中华出局版 |
| 中国代近工业史资料 | 1957 | 科学出版社版 |
| 中国近代工业史资料 | | 三联书店版 |
| 汪康年师友书札 | 1986 | 上海古籍版 |
| 汪穰卿笔记 | 1996 | 上海书店版 |
| 湘报 （光绪间） | | |
| 时务报 （光绪间） | | |

湘学报　　　(光绪间)

东方杂志

东吴年刊

戊戌变法资料

梁启超年谱长编

康南海自编年谱

| | | |
|---|---|---|
| 盛宣怀传(夏东元) | 1988 | 四川人民版 |
| 盛宣怀　(陈景华) | 1996 | 哈尔滨版 |
| 辛亥革命前后(陈旭麓等主编) | 1979 | 上海人民版 |
| 谭嗣同全集 | 1954 | 三联书店版 |
| 皮鹿门年谱 | | |
| 湖南省志　第一卷 | 1959 | 湖南人民版 |
| 中国近代学制史料 | 1986 | 华东师范大学 版 |
| 交通大学校史 | 1986 | 上海教育版 |

第一档案馆藏《军机处汉文档案》、《学部杂卷目录》、《史部杂卷目录》等

# 后记

我是搞历史的，尤偏重于中国近现代史，对李维格先生的生平以前也知之甚少。1996年初，魏宏运先生建议加强近现代人物的研究，并向我提到中国近代钢铁业巨擘李老先生的事迹。于是，我偕两名研究生开始多方面搜集资料和进行研究，历时三度寒暑，时断时续，终于完成了这部有一定研究色彩的纪念资料集。

李老先生置身于国难当头、民族危殆的年代，曾为推行变法和发展实业不辞劳苦，直至病故，为近代中国尤其是钢铁业的发展献上了一颗赤诚的爱国之心，令人敬仰。惟可惜我国史学界长期受“左”倾思潮影响，存在严重的绝对化倾向，不是实事求是地评述历史，而是以“完人”的标准苛求古人，以致湮没了李老先生等一大批爱国知识分子的历史光辉。

囿于多方面原因，李老先生的资料迄今存世极少，也比较分散。这就增加了研究的难度。为广泛搜集资料，我们跑遍了京津地区的图书馆和档案馆。在这方面，我们衷心感谢苏州大学校友会及瞿冕良先生。他们花费大量精力搜集了迄今所见大部分李老先生的演讲、译文及书信等，为本书的编撰奠定了基础。应该说，他们付出了艰辛的劳动，居功至伟，是本书的撰写者。

本书的编写体例分研究与资料两大部分：研究的方

法是在收集整理资料的基础上对李老先生的生平及主要事迹进行分析，以期展现出其孜孜以求的伟大爱国事业和高尚情操，勾勒出为之奋斗终生的曲折经历。内容涉及生平事略、年表以及在维新变法运动和创建民族工业中的主要思想和活动等。我们只做了粗浅的开拓，仍有待进一步深入。在资料方面则将所收集到的李老先生的生平资料大致分为四种类型：1．传记类，记载家世和个人生平的直接资料。有些资料毁于“文化大革命”，迄今传世极少，也最珍贵，希望有关部门、团体和好友热情提供，继续补充；2．演讲与手稿类，直接反映其思想和社会实践的原始记录。包括日记、函电、讲演及其所订章程、文本、合同等。其中，李老先生与康有为、梁启超等纵论变法的资料传世很少，但从康有为所复长信看其间的交往决非偶然。因此，我们将康氏《与峄琴学士书》亦归为这一类；3．译著类，主要有个人译著与合作译著两种。李老先生译著甚丰。据民国时期著名作家程小青讲，中国最早的福尔摩斯侦探集也属李老先生所译。除此之外，尚有《政群源流考》、《日本商律》、《巴兰德论兵节略》等，惜已失传，惟所译部分文章被结集为《海外纪事后编》一书，仍有馆藏。为省略篇幅，我们只选编了部分文章：4．其它类，专指其他人的著述、信函、议论、传记中零散涉及李老先生的资料。这一部分资料较多，也很零碎，但有些比较有价值。我们仅选编了一小部分，以此映射出对当时的影响。

最后，本书收录了朱光亚先生领衔的中国科学技术协会编著的《**中国科学技术专家传略**》工学编冶金卷有关内容。这首先应该感谢陶少杰同志所撰《李维格》传略付出的努力。该书主编我国著名冶金工程技术专家，曾任原冶金部副部长及首届国家钢铁研究总院院长陆达同志在该书前言中回顾我国冶金技术的历史时，曾给予这样的评论："……**晚清以来，如李维格、王宠佑、吴健、严恩棫、周仁、周行健、周志宏、叶诸沛等一批科学技术专家，他们或创办实业，或从事科学研究工作或在学校任教，成为发展中国近、现代冶金科技事业的奠基人，开拓者和带头人。**……"，这里充分说明李老先生作为中国近代钢铁界专家和开拓者的地位，已经得到中国科技界的认同。

应该说，李老先生的一生是坎坷的，事迹是显赫的。他所钟情的维新事业，在世纪之初显露出曙光。他讴心沥血为之奋斗的民族工业，后来成为中国钢铁业的骨干力量。抗日战争初期，汉冶萍公司所属汉阳钢铁厂、大冶铁厂和六河沟炼铁厂内迁四川，与上海炼钢厂等合建重庆大渡口钢铁厂，并于1940年开炉出铁，填补了大后方冶金工业的空白，有力地支持了抗战。时至今日，我国随着改革开放的深入，国泰民安，愈益繁荣昌盛。这正是李老先生奋斗终身无愧无悔的夙愿。

李老先生是近代爱国知识分子的典型代表，也是史学界新世纪研究应予关注的重要对象。这部书的出版，一是为了纪念先贤、勉励后者；二是为了进一步开拓近现代史研究的空间，使更多的被湮没的历史人物揭去朦胧的面纱,享受应有的尊敬。

天津师范大学教授、硕士研究生导师

王同起

1999年2月

# 作者简介

瞿冕良　男，1924年生，名崇堦，别名冠群，江苏常熟人。副研究员。中国民主同盟盟员。

早岁业中医。1950年入苏州东吴大学工作。1953年入苏南师院(今苏州大学)图书馆，从事中外文图书分类、采编、资料及古籍整理等工作。主要著述有:《陈壁诗文残稿笺证》、《版刻质疑》、《常熟先哲藏书考略》、《中国历代名人图鉴》、《中国历代人物图像索引》、《中国古籍版刻辞典》等。参加编著的图书主要有:《文献学辞典》、《历代文学名篇辞典》、《江苏旧方志提要》等。先后发表了《清代怡府藏书小议》、《丰富多彩的藏书专印》等论文20余篇。现系中国图书馆学会、江苏省诗词协会、苏州书法家协会、沧浪诗社、苏州市传统文化研究会等会、社员。

# 作者简介

王同起　男，1951年生。天津人。历史学博士，法学硕士。现为天津师范大学历史系教授，法学硕士研究生导师，中国文化研究中心副主任，中国革命史教研室主任。著作有：《民国纪事本末》、《中华英魂》、《毛泽东和他的时代》、《跨越－近代中国文化变迁与社会主义精神文明建设》、《中国革命与建设史论》等十余种，论文40余篇。多次参与和主持省部级重点项目。其中，《中华英魂》获1995年国家“五个一工程奖”和天津市第六届社科荣誉奖。